通用
俄语口译教程

Общий курс по устному переводу

张鸿彦 陈胜男 / 编著

北京大学出版社
PEKING UNIVERSITY PRESS

图书在版编目(CIP)数据

通用俄语口译教程 / 张鸿彦,陈胜男编著. — 北京:北京大学出版社,2021.7
ISBN 978-7-301-32249-9

Ⅰ.①通… Ⅱ.①张…②陈… Ⅲ.①俄语 – 口译 – 教材 Ⅳ.①H355.9

中国版本图书馆CIP数据核字(2021)第112608号

书　　　名	通用俄语口译教程 TONGYONG EYU KOUYI JIAOCHENG
著作责任者	张鸿彦　陈胜男　编著
责任编辑	李　哲
标准书号	ISBN 978-7-301-32249-9
出版发行	北京大学出版社
地　　址	北京市海淀区成府路205号　100871
网　　址	http://www.pup.cn　新浪微博:@北京大学出版社
电子邮箱	编辑部 pupwaiwen@pup.cn　总编室 zpup@pup.cn
电　　话	邮购部 010-62752015　发行部 010-62750672　编辑部 010-62759634
印刷者	北京圣夫亚美印刷有限公司
经销者	新华书店
	787毫米×1092毫米　16开本　16.5印张　390千字 2021年7月第1版　2024年10月第2次印刷
定　　价	65.00元

未经许可,不得以任何方式复制或抄袭本书之部分或全部内容。
版权所有,侵权必究
举报电话:010-62752024　电子邮箱:fd@pup.cn
图书如有印装质量问题,请与出版部联系,电话:010-62756370

前　言

本教材是以俄语口译学习者为主要讲授对象的汉俄双向口译教材，是一线老师结合多年高级俄语口译课程的教学经验以及多年口译实践经验而编写出的理论与实际相结合的实用性教材，教材选取典型译例，遵循由浅入深的原则，总结俄语口译的特点和规律，构建口译技能训练的基本模式，将口译理论、口译技巧与口译实战演练相结合，语料新颖，题材广泛，致力于培养和提升学生的口译能力，既适合大学俄语专业高年级课堂口译教学，也可为口译自学人士提高口译实战水平提供指导。

本教材共16个单元，分为三大部分。第一部分为理论知识与口译技巧总论，包括口译导论、初识俄语口译笔记法、汉俄数字的口译训练、实践口译的方法与技巧、口译技能的日常训练、译前准备及临场发挥。第二部分为俄语口译实战演练，按照实际口译过程中常出现的主题，分为飞机出行、酒店住宿、设宴邀请、参观游览、时政外交、会展活动、商务谈判、礼仪致辞、教育合作以及应急服务。第一部分所讲授的理论与技巧可以在第二部分的实战演练中进行巩固和应用。第三部分为练习的参考答案。

本教材注重实践口译能力的培养，具有以下突出特点：1）内容具有时效性且实用性强，教材中所出现的场景都是在口译过程中真实出现的常见语境，练习材料与当今社会热点问题紧密相关，且所选语料基本以口语体为主，贴近真实翻译场景；2）难度适中，本教材针对的是俄语专业高年级的学生，目标是使其在学完本册的基础上可以达到普通陪同翻译的水平，对于更高级别的会务翻译和同声传译，本书只是稍有涉猎；3）理论与实践相结合，本教材在注重实践的基础上，融入了口译理论及技能的讲解，实用性和理论性兼顾；4）主题突出且系统性强，针对每个主题，本书采取生词引入、对话练习、语篇强化、文字讲解、课下演练等多种方式进行全方位的训练，使学生对于该主题有全方位的认识和多方位的演练。

为配合教学使用，本教材特别准备了相关拓展资料以及练习，同时配套了相应的音频，老师可以更加高效地使用本教材，目前高校俄语口译课普遍存在课时较少的问题，故建议老师将知识性、语言性的学习内容作为课前预习任务分配给学生，上课主要来讲授技巧方法以及实际演练。经过一定阶段的讲授以后，教师可以在课堂中融入配音、模拟会场、口译工作坊、撰写口译实习报告等方式，综合提高学生的实战口译能力。

本教材在编写过程中得到了外国专家塔季扬娜·索科洛夫斯卡雅·鲍里索夫娜女士以及吕绍聪同学的指导与帮助，在此特向他们表示感谢，因编者水平有限，书中难免存在疏漏和不足之处，恳请专家和广大读者予以批评指正。

目 录

第一部分：理论知识与口译技巧总论

第一章　口译导论 ……………………………………………………………… 3
第二章　初识俄语口译笔记法 ………………………………………………… 9
第三章　汉俄数字的口译训练 ………………………………………………… 15
第四章　实践口译的方法与技巧 ……………………………………………… 21
第五章　口译技能的日常训练 ………………………………………………… 30
第六章　译前准备及临场发挥 ………………………………………………… 40

第二部分：俄语口译实战演练

第一课　飞机出行 ……………………………………………………………… 49
第二课　酒店住宿 ……………………………………………………………… 60
第三课　设宴邀请 ……………………………………………………………… 70
第四课　参观游览 ……………………………………………………………… 82
第五课　时政外交 ……………………………………………………………… 94
第六课　会展活动 ……………………………………………………………… 107
第七课　商务谈判 ……………………………………………………………… 117
第八课　礼仪致辞 ……………………………………………………………… 129
第九课　教育合作 ……………………………………………………………… 143
第十课　应急服务 ……………………………………………………………… 155

第三部分：参考答案

第一课　参考答案 ……………………………………………………………… 169
第二课　参考答案 ……………………………………………………………… 177
第三课　参考答案 ……………………………………………………………… 184

第四课	参考答案	192
第五课	参考答案	201
第六课	参考答案	209
第七课	参考答案	215
第八课	参考答案	222
第九课	参考答案	231
第十课	参考答案	238

附录1　俄汉常见国家机关及国际组织总汇 247
附录2　口译术语俄汉对照表 254
参考文献 257

第一部分　理论知识与口译技巧总论

第一章　口译导论

一、口译概述

随着国家间交往的日渐频繁，跨语言交际活动不断增加，翻译作为不同民族、不同语言间沟通的桥梁已然成为语言学科领域的重要研究方向，这一领域的相关知识与研究也随着翻译实践而得到不断发展。众所周知，翻译包括笔译和口译两种形式，相对笔译而言，口译是指以口语方式进行的翻译行为。关于口译的定义有很多，在此我们选择梅德明教授所表述的："口译是一种通过口头表达方式，将所听到的（或读到的）信息准确而又快速地由一种语言转换成另一种语言，进而达到传递与交流信息之目的的交际行为，是人类在跨文化、跨民族交往活动中所依赖的一种基本的语言交际工具。"（梅德明，2003：5—6）人类的口译活动不是一种机械地将信息的来源语符号转换为目标语符号的"翻语"活动，而是一种积极的、始终以交流信息意义为宗旨的、具有一定创造性的"译语"活动。因此，口译不是孤立的以词义和句子意义为转换单位的单一性语言活动，而是兼顾交际内容所涉及的词语意义、话语上下文意义、言外寓意、语体含义、民族文化含义等信息的综合性语言活动。从这个意义上说，口译不仅是语言活动，而且还是文化活动、心理活动和社交活动。

人类自从开始有民族间交往活动起就存在翻译活动，口译活动的出现远早于笔译，且早于书面文字的产生，其历史与人类自身的历史一样源远流长。俄罗斯著名翻译家科米萨罗夫（В. Н. Комиссаров）认为，最初的口译人员都是女性，因为在古代存在着从别的部族抢婚的习俗，被抢回来的妻子不得不学习丈夫的语言，于是在必要的时候，她们就充当了翻译的角色。在我国很早就有关于口译人员的记载，如春秋时期的史书中将译者记载为"舌人""象胥"等。

在口译发展史上，有这么几个关键的时间节点，它们勾勒出了世界口译的发展与历史主线。1919年"巴黎和会"被认为是口译职业化的开端，是历史上第一次大规模正式使用交替传译的会议，会议使用法语和英语两种语言，大会召集的专职翻译日后成为欧洲翻译学院及相关机构的创始人，自此，口译逐渐成为一种职业化的双语交际工作；1926年IBM公司发明了同传设备，被认为是口译史上极为重要的发明；1945年对纳粹战犯进行的纽伦堡军事法庭审判则是口译发展史上又一个重要的事件，正是在这一次审判中，正式启用了原语—译语同步结束的同声传译手段，丰富和发展了口译的内涵；1947年联合国引入同传，推动世界各国的口译事业飞速发展；1957年巴黎索邦大学高等翻译学校宣告成立，他们于20世纪80年代正式建立了世界上第一套系统的口译理论，即口译的"释意理论"（代表人物塞莱斯科维奇、勒代雷），该理论在国际口译界得到广泛认可；1971年中国重返联合国，尤其在改革开放以后，中国的口译事业快速发展。

随着国家"一带一路"倡议的实施，我国与俄罗斯及独联体其他国家来往更为密切，也为俄语口译工作提供了更为广阔的活动空间和表演舞台，中俄口译工作者也成为中俄交往中不可或缺的中坚力量。

二、口译的分类

1. 口译有着不同的类型，按口译的操作形式的不同，可以划分为交替口译、接续口译、同声传译、耳语口译和视阅口译。

   交替口译（последовательный перевод）是指译员同时以两种语言为操不同语言的交际双方进行轮回交替式口译。交替口译是最常见的口译形式。交替口译时，译员穿插使用两种语言为不同语言的说话双方进行口译。交替口译的场合很广，可以是一般的非事务性的交谈，可以是正式的政府首脑会谈，也可以是记者招待会。这种交谈式的传译要求译员不停地转换语码，在交谈双方或多方之间频繁穿梭，来回传递以语句为单位的简短的信息。

   接续口译（абзацно-фразовый перевод）也称即席翻译或连续翻译，是一种为演讲者以段落为单位传递信息的单向口译方式。演讲者因种种原因需要完整地表达信息，所以他们往往作连贯发言，这种情况需要译员以一段接一段的方式，在讲话者的自然停顿间隙，将信息一组接一组地传译给听众。接续口译用于多种场合，如演讲、祝词、授课、高级会议、新闻发布会等。

   同声传译（синхронный перевод）又称同步口译，是译员在不打断讲话者演讲的情况下，不停顿地将其讲话内容传译给听众的一种口译方式，即口译者与讲话者的发言几乎同步进行。根据接受信息方式的不同还可以将其细分为同声听译（синхронный перевод на слух）和同声视译（синхронный перевод с листа），同声传译的最大优点在于效率高，可以保证讲话者做连贯发言，不影响或中断讲话者的思路，有利于听众对发言全文的通篇理解。相比之下，同声传译比其他类型口译的难度要大得多，对译员的要求也更高，译员翻译时通常是在一个孤立的小黑屋中，通过一个特殊的窗口或通过屏幕看到讲话者，并通过耳机听到他的声音。同声传译员一般是成对搭配工作的，两人轮流，每次10~20分钟，要边听边译，边译边听，为此需要进行专门的训练。同声传译被认为是最有效率的口译形式，是国际会议所采用的最基本的口译手段，同声传译有时也用于学术报告、授课讲座等场合。

耳语口译（перевод нашептыванием）是一种将一方的讲话内容用耳语的方式轻轻地传译给另一方的口译手段。耳语口译通常和同声传译一样，属于不停顿的连贯性口译活动。二者不同的是，同声传译的听众往往是群体，如国际会议的与会者等，而耳语口译的听众则是个人，其对象往往是外宾、参加会晤的国家元首或高级政府官员。

视阅口译（перевод с листа）通常叫作"视译"，是以阅读的方式接收来源语信息，以口头方式传出信息的口译方式。视译的内容通常是一篇事先准备好的讲稿或文件，除非情况紧急或出于暂时保密的缘故，译员一般可以在临场前几分钟甚至更长的一段时间得到讲稿或文件，因而可以将所需口译的文稿快速浏览一遍，做一些必要的文字准备。与同声传译和耳语口译一样，视阅口译同属于不间断的连贯式口译活动。

2. 按口译的服务对象及译语的流向可以分为单向翻译和双向翻译

单向翻译（独白式口译）（односторонний/однонаправленный перевод）是指口译的原语和目标语固定不变的口译，译员通常只需将某一种语言口译成另一种语言即可。单向口译一般用于大会发言、演说和致辞等，有时国际谈判的双方都自备口译人员，这时就只需要单向口译。一般情况下，从事单向口译工作的人大多将外语翻译成本国语言，这是目前通行的国际惯例。

双向翻译（对话式口译）（двусторонний/двунаправленный перевод）是指两种不同的语言交替成为口译原语和目标语的口译。这两种语言既是原语，又是目标语，译员在感知、解码、编码、表达时必须熟练而又快捷地转换语言。在日常的陪同翻译当中，这也是非常常用的口译方式，同时还可以节省人力和开销。

上文中我们提到的按照操作方式而形成的五种口译方式中，交替口译自然属于双向口译的范畴，接续口译因场合不同可以表现为单向口译，也可以是双向口译，同声传译、耳语口译和视阅口译这三种形式通常表现为单向口译。

3. 按口译的内容可以分为一般生活口译、一般专业口译和外交口译

一般生活口译（бытовой перевод）是指包括导游、接待、参观、购物等日常主题在内的口译，其灵活度最大，其中需要多加注意的是交谈双方的文化传统、风俗习惯等问题。

一般专业口译（профессиональный перевод）是指包括商务、文化、学术交流等的包含一定专业知识的口译，这往往需要口译人员熟悉相关政策和特定的词汇和表达。

外交口译（дипломатический перевод）是指运用于正式外交场合或国际谈判时的口译，需要较高的准确性，灵活发挥的余地极小。这对口译人员提出更高的要求，不仅需要有超高的双语水平，还需掌握专业领域的知识和固定译法，对准确性和表达的要求也非常高。

三、口译的特点

1. 不可预测性（непрогнозируемость）

口译是即时同步的双语传递活动，口译人员进入场景后，根据需求即刻进入原语和目标语的语码切换状态，进行同时同步的口译操作。但是口译话题往往事随人变，难以预测，特别是在记者招待会和商务谈判过程中。译员做准备时只能通过事先确定的交谈主题来预测交谈各方的话题，但是人际交谈内容经常会随时间、地点、条件的变化而变化，所以再充分的准备也会出现主观预测的偏差和意外，而且不同文化程度、不同民族的人，逻辑性和思维方式不同，现场表达会有很多新情况、新状态，为保证信息表达的连贯性和接收的快捷性，这就要求译员具有高超的即席应变能力和流利的现场表达能力。

2. 压力大（стресс）

一般来说口译人员有三大压力：现场压力、心理压力和时间压力。口译场面有时非常严肃庄重，如国际会议和外交谈判；正式场合涉及国家形象、国际形象，受众还有很多懂外语的人，这样的场合会给经验不足的译员造成较大的心理压力，译员需要克服紧张的情绪和怯场的心态，否则反而会因有意掩饰而导致反应迟钝，从而影响口译水平的正常发挥；再者，从时间上看，虽然这种场合时间总长是一定的，但译员对发言人的每句话必须高度集中注意力听讲并做及时转换，属于高强度的脑力劳动，按照国际惯例一般都配备两名以上的口译队员，轮流上岗，每位译员的工作时间不得超过一定时限，如果超过一定时间会使译员不堪脑力重负。口译现场气氛无论是严肃的，还是轻松的，译员都要承受这些压力，杜绝交际信息因译员不恰当的过滤而受到损失，精神状态既不可超脱现场气氛，更不应该凌驾于现场气氛之上，译员的口译语态应该是如实反映场景气氛的一面镜子。

3. 个体性（самостоятельность）

口译的另一特征是个体性操作，译责重大。口译员（除同声传译外）属单打独斗的个体工作者，其劳动具有很强的独立性。通常，译员在整个口译过程中基本上是孤立无援的，必须随时独立处理可能碰到的任何问题。有些问题属语言类，与译员的双语知识有关；有些属文化传统类，与译员的民族知识有关；有些属自然科学类，与译员的学科知识有关；更多的属社会科学类，与译员的社会、文化、国情、时事等方面的基本知识有关。译员无法回避面临的任何一个问题，无路可退，唯有正视每一道难题，及时处理每一道难题。在口译过程中，译员不可能查询工具书或有关参考资料，也不能频频打断说话者，要求对方重复自己所讲的内容，解释其中的难点。作为个体劳动者，译员要对自己的口译负责，不可胡编乱造，信口雌黄，自我得意；不可瞎猜乱凑，以期歪打正着；不可"你说你的，我译我的"，两条铁轨，永不相交。译员应该认识到，"译语既出，驷马难追"，自己的译语，字字句句，重如千金，随意不得。有些场合口译出错，还可期望在以后起草书面协议时予以纠正，然而许多口译，如国际会议口译，没有后道工序的补救机会。

4. 综合性（комплексность）

毋庸置疑，口译属一种立体式、交叉型的信息传播方式，是综合运用视、听、说、读、写等知识和技能的语言操作活动，要求译员有扎实的语言知识功底、流利的双语表达能力和娴熟的转译技能等综合能力。译员的口译范围没有界限，信息交流的内容包罗万象，可以上至天文，下及地理，无所不涉，无所不包；口译的服务对象有可能是各界人士，来自各个阶层、各行各业，有着不同的教育文化背景，译员必须是一名通晓百事的杂家。从现场发挥来看，译员必须具有观察捕捉说话者的面部表情、手势体姿、情绪变化等非语言因素的能力；耳听会意各种带地方口音以及不同语速的话语的能力；用母语和外语进行流利而达意地表达的能力；在口译过程中进行快速笔记、快速理解的能力。口译要求译员成为一名语言专家和交际能手，这非一日之功，坐在翻译席上的译员，自然而然地被认为既是一名精通语言的专家，同时又是一名通晓百事的杂家。

思考题:

1. 什么是口译?笔译与口译有哪些区别?

2. 什么是同声传译?同声传译与交替传译有哪些区别?

3. 对你来说,在口译的过程中,是俄译汉比较难,还是汉译俄比较难?为什么?

第二章 初识俄语口译笔记法

1. 口译笔记法简介

在进行口译工作时，我们都会遇到这样的情况，讲话人即兴发言时间很长，却又较少停顿，这时，短时记忆就远远满足不了口译的需要，即使是年轻人，也常会出现记忆上的空白与停顿。在口译教学中，我们也常常遇到这样的情况，学生在所听文本方面往往没有词汇和句式的障碍，但在听了后面的内容之后，就记不清前面的信息，或只记得前面的内容而忘记了后面刚刚听到的信息。在这种情况下，短时记忆的遗忘特性使笔记成为刚需，此时就需要口译员或学生用纸笔来进行记录。所谓口译笔记（переводческая нотация[Алексеева 2000, 2001], переводческая семантография[Аликина 2006], записи в последовательном переводе[Скворцов 2000], переводческая скоропись [Миньяр-Белоручев 1999]）是指口译员在紧张的会场气氛中，在不干扰听辨源语的情况下，迅速地以简单的符号、文字等记录讲话重点内容信息的一种笔记方法。（吴钟明，2005：1）熟练掌握口译笔记是一名优秀的口译者必备的技能，该技能不仅能突出重要信息，帮助信息的理解和提取，更是回忆的线索，同时对于数字口译也具有积极的意义。需注意的是，口译笔记不同于速记（стенография），速记是要记录所有讲话内容，而口译笔记只需记录语意信息点和语言逻辑结构，特别是数字、时间、专有名词等，口译笔记的作用是对大脑记忆进行辅助和提示，以保证译文的精确度，帮助理清发言人的讲话结构和逻辑关系，具有即时性、简短性、个性化等特点。也就是说：俄语笔记法是记忆的辅助手段，它的作用是尽可能地记录发言者的意思而不是原话，帮助译员在短时间内把精神集中在讲话的内容上，并且用笔记符号的形式加以表达。其作用在于为译者翻译时提供提示，而不是信息的文字化。

2. 口译笔记的功能

译者在翻译较长片段的过程中，运用这样专业的集中信息的笔记法有助于在交传过程中减轻记忆的压力，同时可以促进意义加工和信息集中处理。口译笔记的功能可以概括为以下七个方面：1）记忆功能（мнемическая функция），可以辅助记忆，译者根据笔记回忆原文信息。2）归纳功能（концентрирующая функция），笔记帮助译者在分析原文时集中注意力在信息的各项细节上。3）节能功能（энергосберегающая функция），在原文重现时口译笔记可以更好地帮助理解原文，节约了译者注意力的成本和耗能。4）程序预测功能（программирующая функция），译者通过笔记，为发言者即将表达的文本建立了材料秩序，可以为翻译做出合理预测。5）健康学功能（валеологическая функция），信息在纸上记录而不是保存在译者的脑中，减轻了译者在紧张压力条件下的脑负荷，并对译者的心理健康有一定的帮助。6）研究功能（исследовательская функция），笔记帮助我们揭示翻译过程中的一个重要环节，这个环节通常是隐藏而不可探知的，也就是对原文本的分析过程。笔记还具有独一无二的功能，那就是确定哪些内容元素在内部程序中需要保留，以及如何挑选出有效方法从而将这一程序通过译出语来实现。7）教学功能（учебная функция），除口译实践外，笔记还可以成为重建原文文本的分析教学的有效手段。

3. 口译笔记的符号

口译笔记是记忆信息内容的符号，最重要的是记录语言信息点和语言逻辑结构，口译笔记所应记录的信息点通常包括数字、概念、命题、专有名词、专业术语等，简而言之，口译笔记主要记录的内容包括逻辑线索、内容要点、关键词、重要数字等，通常采用文字加符号的方法，信息记录符号举例如下：

1）符号类：

　　+：плюс, повысить, возрасти, увеличиться

　　−：минус, отнимать, уменьшиться,
　　　　вице- заместитель

　　=：одинаковый, равный, справедливый

　　≠：отличие, различие, разница

　　≈：около, примерно, приблизительно

　　∽：насчёт, связать

　　∞：обменяться, сотрудничать, взаимодействовать

　　>：больше, более, превысить, выше

　　<：меньше, ниже

　　∈：принадлежать, относиться

2）图形类：

↑: рост, выращивание, карьера, прогресс, нарастание

↓: уменьшить, снижение, уменьшение, падение

⊙: собрание, заседание, совещание, конференция, саммит, форум

文: школа, университет, институт, вуз, училище

⊕: больница, поликлиника, медицинское учреждение

≡: стабильный, устойчивый,

　　выдерживать, держать,

　　поддерживать, сохранить, содержать, хранить,

　　отстаивать, стоять, настаивать

□: страна, государство

⇥: импорт

⇨: экспорт

^ : вершина, верх, высшая точка, высший предел,

　　управлять, контролировать, заведовать,

　　овладеть, освоить, усвоить, держать в своих руках ,

　　руководить, инструктировать, вести

*: символ, эмблема, особенность, депутат

3*: тройное представительство

3）缩略语：

адр. адрес 地址

обл. область 州

пров. провинция 省

г. город 市

р-н район 区

ул. улица 街，路，道

пл. площадь 广场

ун-т университет 大学

ком. комитет 委员会

тех. техника 技术

иск. искусство 艺术

п/я почтовый ящик 信箱

ЗТЭР зона технико-экономического развития 经济技术开发区

СЭЗ специальная экономическая зона 经济特区

ВВП – валовой внутренний продукт 国内生产总值

НДС – налог на добавленную стоимость 增值税

ВТО – Всемирная торговая организация 世界贸易组织

4）逻辑类：

需要记录的逻辑关系大体可分为以下5大类：因果、目的、转折、让步、条件和假设。如：

）：词与词之间的小并列以及段与段之间的大并列，使用并列符于内容后

∵：потому что, благодаря, так как, от, по, из

∴：поэтому, так что, следовательно

△: цель

这里需要强调的是，口译笔记只是起到提示重点、加深记忆的作用，译员不能完全依赖笔记，要做到三分笔记、七分脑记，笔记要有主次之分，要进行取舍。口译笔记具有极强的个体性，每个译者可根据自己的记忆和符号习惯来建立自己的符号体系，口译笔记尽管会因人而异，但对于使用者个人而言，笔记符号、笔记布局从始至终都应当有系统性、规律性，切忌在实战的过程中临时改变符号，以免在回头看的时候产生不必要的误解。对于选择哪种语言来进行笔记一直是有争议的，每一位译者可以选择自己可以接受的、合理的、实际可操作的方法和语言。笔记语言的选择并不是由其翻译角色而定的，而是由译者的个人经验的状态（母语、第二语言等）决定的。笔者认为，译者笔记的目的是语义整理，而不是词汇的堆积，它可以是客体体系的密码，并不与具体的语言相关，因此，译者可以根据不同的场景，选择当下适合的语言。

4. 口译笔记的机制

口译笔记的机制包括以下问题，什么时候记，拿什么记，用哪种语言记，记什么等问题。上文我们已经提到，口译笔记不同于会议记录，也不同于速记，其作用在于帮助记忆、提示表达，一般是在发言人开始讲话时开始记录，或者在听取发言人的一个小片

段之后开始，以更清晰把握原文。最重要的是，译者必须在发言人暂停发言留出空隙时停止记录并开始翻译。译者首先要准备好纸笔，这个笔最好可以挂在脖子上或者别在衣服的翻领上，如果译者是坐在桌边，那就可以用A4大小的纸张。记笔记的纸一定要事先进行标号，折叠为三个纵行，采取竖构图的方式，保证可以记录足够长的信息，并可以迅速找到需要的片段，译员可以一目十行快速抓住大意，且不用翻页。如果是站立着进行翻译，最好使用A5规格的纸张，并带有方格或横线，而且一定要有硬壳封皮，以保证其悬立。最好使用罗圈活页本，可以快速地翻页；可以提前留一个空间，记录一些专有名词、地点人名等，只写其中的一面，以保证翻页时观众看到的是空白页。每行记三到四个意群，一个分句后或一排空间不够时就换行。换行后若两句之间又有逻辑关系联系，使用连接符"↙"，箭头指向核心处。每次做完一段在底下画一道横线，便于与下一段进行区分。实战口译专家林超伦先生提出的口译笔记原则是："少横多竖，少写多画，少字多意，少线多指，快速书写，明确结束。"

口译笔记试举例：

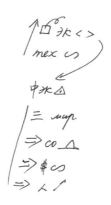

（扩大对外经济合作和技术交流是中国经济的发展目标，同时还应当致力于维护世界和平、促进共同发展、加强互利合作、推动人类进步。）

初学口译笔记容易产生以下常见误区，如刻意使用符号，甚至现场发明符号，这样会导致口译时产生不必要的负担和混乱。初学者应当在平时的训练中建立自己的符号体系以及笔记习惯，熟练尝试后再到实践翻译中运用，还有一些译员在学习笔记法的初期总是试图记下每一个字，这样会在翻译中牵扯大量的精力和时间，应当训练自己提取逻辑主干和关键词的能力，时刻记住笔记法只是辅助，并不能代替译员自身的记忆。还有一个误区在于寻求捷径，初学者唯有反复进行刻苦训练，才能渡过口译笔记这一关。

思考题：

1. 口译笔记法与速记的区别是什么？
2. 口译笔记法应该记什么？怎么记？
3. 以小组为单位，选取口译材料片段，进行口译笔记法的练习、分析与展示讨论。

第三章 汉俄数字的口译训练

在口译实践中，数字的翻译一直是难点，尤其是在经贸翻译或谈判过程中，讲话者经常性地冒出各种数据，如何快速进行数字信息的处理往往成为口译中非常重要的部分。数字的出现往往呈现时间短、输出信息量大、无规律且无法预测等特点，加之中俄数字在数位转换上存在巨大差异，导致初级口译者遇到数字信息时很难迅速转换并流利地将其译出，这就容易造成译文与原文意义相差过大，产生歧义，甚至造成严重后果。

对于口译中遇到的数字表达，特别是中俄文之间的翻译转换，口译者应当掌握中俄数位转换的技巧，学习数字的笔记方法，熟练有关数字增减的表达，依托笔记法、符号法、图表法等技巧与方法，顺利完成口译任务。

1. 大数的口译问题

俄语和汉语在大数的表达上存在数位的差异，在俄语中没有万和亿这两个位数，汉语里也不习惯用百万和十亿来计数，因此，在口译实践中就无法一一对应，总结两种语言在数字表达上的差异后，便可得出这样的一个对应表：

1,000	1 тыс.（тысяча）	一千
10,000	10 тыс.	一万
100,000	100 тыс.	十万
1,000,000	1 млн.（миллион）	一百万
10,000,000	10 млн.	一千万
100,000,000	100 млн.	一亿
1,000,000,000	1 млрд.（миллиард）	十亿
10,000,000,000	10 млрд.	一百亿
100,000,000,000	100 млрд.	一千亿
1,000,000,000,000	1 трлн.（триллион）	一兆（万亿）

译员应以该表为基础，用大量的实例来进行大数字的转换练习，这其中既包括俄译汉的训练，也包括汉译俄的训练，以此提高对俄汉数字转换的敏感程度。

由于翻译现场干扰因素众多，且需要记忆的信息量较大，因此，在熟练掌握转换技巧之后，译员还应当掌握必要的数字笔记方法来辅助数字的口译工作。常见的口译计数方法是：当听辨汉语原语时，记录数字时从右往左每四位数值打一个斜杠，然后，迅速地每隔三位数值打一个逗号，方便读出。相对地，如果原语为俄语，记录数字时每三位数值打一个逗号，记数后迅速每四位数值打一个斜杠，方便读出，如：听到一个俄文的大数，从右往左，每三位打一个逗号，记录为287，634，159，要翻译为中文时，从右往左每四位打一个"/"，即变为2/8763/4159，然后按照中文习惯将其读出。我们称之为"点三杠四"的方法。

在这里给大家介绍一个在笔记法当中可以采用的数字笔记的方法（表格法）：在一张A4纸上排出多个如下图所示的表格，然后打印出来作为笔记辅助资料的一部分；在会场翻译或同传时，听到重要的大数，可以按照表格填入信息，然后通过上下位数转换直接读出。表格如图所示：

миллиард			миллион			тысяча			
亿				万					

我们还是以上面出现的数字为例进行汉译俄的练习，在听到2 8763 4159（两亿八千七百六十三万四千一百五十九）这个数字的中文时，迅速以"亿"为定位填入表格，如下图：

миллиард			миллион			тысяча			
		2	8	7	6	3	4	1	5	9
亿				万					

然后再将视线集中于上方，迅速按照俄语的数位规律，将该数字的俄语读出：287 634 159（двести восемьдесят семь миллионов шестьсот тридцать четыре тысячи сто пятьдесят девять）

另外，在很多口译场景下，尤其是在生活或旅行陪同过程中，对大数字的要求不那么精确时，还有译员遇到无法完全理解原句或过多落后于说话人时，为确保正常的翻译活动，可以将其简化为相应的约数，以使整个语义完整且降低口译难度。如：表述大于某一数目，可以用"более чем, свыше, больше..., ... с лишним"等；表述小于某一数目，可以使用"не более, не больше, почти"等；表述约等于某个数目，可以使用"около, примерно, приблизительно"等，或者将数词和名词位置对调以表示概数。除此之外，还可以使用如"масса, в большом количестве, сотни, многотысячный"等词来略指。

2. 分数与小数的口译问题

在俄语当中，分数的分子用基数词表示，分母用序数词表示，先读分子，后读分母，如：

三分之一：одна третья

五分之一：одна пятая

三分之二：две третьих

五分之四：четыре пятых

百分之二十七：двадцать семь сотых

二又七分之三：две целых и три седьмых

在口译时，我们可以采用灵活处理的方式，选择自己最熟悉的表达方法进行转换，如转换为相应小数，或使用口语化的"половина"表示二分之一，"треть"表示三分之一，"четверть"表示四分之一等等。

小数可以说是分数的一种特殊形式，小数和分数之间可以进行互相转换，小数点前的整数部分用"...целая（целых）"，小数点后的部分用十进位分数来表示，如：

0,1　ноль целых одна десятая（одна десятая）

2,3　две целых три десятых

4,56　четыре целых пятьдесят шесть сотых

78,899　семьдесят восемь целых восемьсот девяносто девять тысячных

也可以采取口语化的表达方式，如口语中小数点前的целая（целых）可以省略，如3.1可以读成 три и одна десятая。

在实际的口译过程中，往往采取最简的处理方式，比如可以逐个读出数字，小数点用и表示，如38.1可以读为：тридцать восемь и одна。如果分母是十或百的情况，往往将其转化为百分数，将其翻译为... процентов。如十分之三，可以翻译为：тридцать процентов。

3. 数额增长与减少（倍数）的口译问题

在口译实践中常常会遇到表示增加或减少意义的动词，表示增加时一般用动词"увеличить（ся），повысить（ся），поднять（ся），расти, возрасти"，其后接"на сколько"表示增加了多少，接"во сколько раз"表示等于原来的几倍，接"на сколько процентов /до скольких процентов"表示增加了/增加到多少百分比；表示减少时一般用动词"уменьшить（ся）, сократить（ся）, снизить（ся）, падать, упасть"，其后接"на сколько"表示减少了多少，接"во сколько раз"表示等于原来的几分之一，接"на сколько процентов /до скольких процентов"表示减少了/减少到多少百分比。

俄语中倍数的增减也可以用"вдвое, втрое, вчетверо"等副词表示，还可以直接用动词"удвоиться, утроиться"等来表达，如"вырасти вдвое"就相当于"вырасти в 2 раза"或"удвоиться"。

此外，在表示增加或减少意义时还可能用到以下表达："оживляться при сохранении стабильности"表示平稳回升，"резкий подъем"表示飙升，"добиваться"表示达到，"в целом, в общем, в итоге"表示总计，"меньше чем"表示少于，"более, чем…"表示多于，"почти одно и то же"表示差不多，"на протяжении, в течение"表示介于之间。

在翻译增长或者减少一类的句型时，一定搞清楚变化数额到底是实际值，还是净增减值，如减少了30%，相当于减少到70%，"понизиться до 70 процентов"相当于"понизиться на 30 процентов"，如"подняться в 5 раза"可以翻译为提高了4倍或提高到原来的5倍，如"увеличиться в 1.3 раза"可译为增加了30%。

例句：国民生产总值比1980年翻了两番（增长了三倍）。

Валовой национальный продукт увеличился в четыре раза против 1980 года.

例句：二月份中国旅游者人数减为三分之二（原来数量是现在的3/2，即1.5倍）。

Число китайских туристов в феврале сократилось в полтора раза.

例句：2019年全国贫困人口减少1000万以上。

В 2019 году число людей, живущих за чертой бедности, уменьшилось более чем на 10 миллионов.

例句：今年的工业产值比去年增加了170%。

В этом году выпуск промышленной продукции по сравнению с прошлым годом повысился на 170%.

如果要表达从数量一增加或减少到数量二，可以用"с…до…"这样的句式。

例句：最近十年，小米手机占俄罗斯手机市场的份额从大约3%增长到15%。

За последние 10 лет доля смартфонов Xiaomi на российском рынке смартфонов увеличилась с приблизительно 3 процентов до 15 процентов.

例句：利率从10%下降到8%。

Ставка процента упала с 10% до 8%.

在口译当中，也可以采用"если...то..."避免换算和名词变格，提高口译效率。

例句：2016年俄罗斯与中国的贸易额为695.2亿美元，2019年两国贸易额达到1109.2亿美元。

И если в 2016 году товарооборот России с Китаем составил 69,52 млрд. долл. США, то в 2019 году он составил 110, 92 млрд. долл. США.

需要提醒的是汉语中如若表示减少，不会用减少几倍表达，而是常用减少几分之几，或减少百分之几，因此翻译时需要将原文中的倍数化为小数或分数。

Понизиться в полтора раза 即减少三分之一。

Уменьшиться в четыре раза 即减少四分之三。

Цена упаковки продуктов понизилась в 2 раза. 包装价格降低了50%。

在经济领域的统计数据中，常有"同比"的说法。在俄语口译时，我们可以将其处理为"по сравнению с соответствующим периодом/по отношению к соответствующему периоду"，译为"与……同期相比"。

如：2020年3月，社会消费品零售总额与2019年相比，同比下降了15.8%。

В марте 2020 года объём продаж социально-значимых товаров снизился на 15.8% по сравнению с сентябрем 2019 года.

在涉及数字的口译实践过程中，我们还要格外关注度量衡单位的转换问题。比如，当参与到一个与农业领域相关的口译项目时，在土地面积的表述上，中国人可能会用到"亩"这个单位，而俄方则会用到"гектар（га）"，也就是"公顷"来表示。在这样的情况下，应尽量使用国际通行单位，或进行换算，这就需要译者在口译开始前对自己所要翻译的内容有所了解，提前预测到会出现的单位问题，了解"1公顷=15亩"。遇到来不及换算的情况时，如，"我们学校占地面积为7000亩"，译员来不及换算，也可以用解释性的方法来补充说明："Кампус нашего университета занимает площадь в 7000 му, и 15 му равно 1 гектару"。

总之，在口译中进行数字翻译时，打好基本功是首要任务，需要强化日常数字的中译俄与俄译中训练，然后再辅之方法和技巧的训练。除此之外，个人能力和素养也非常重要，特别是口译的临场转换反应和根据上下文进行推测的能力。比如，一段话中列举一串数字往往是为了说明某方面的问题，这时将数字和语义信息结合起来，作为语义信息的补偿部分来记忆，就能更加高效地获取数字信息。同时，译前准备也很重要。比如，译员要进行一个关于北京—莫斯科铁路方面的口译，那就需要提前阅读相关资料，了解莫斯科到北京的火车行程大约为7000公里，掌握这一常识后再去处理相关语句，就不会出现数字位数的错误翻译问题，否则，一旦错位会误译为700公里或70000公里。事实证明，事前对于翻译内容的了解也能够帮助译员在翻译非数字信息时更为得心应手，将更多的精力投入到数字内容的翻译上，从而在整体上提高译文的准确性。在有些情况下，有些数词带有特殊的语境和语意，需要对数字进行灵活性处理。如，碰到用天干地支来表示次序先后，那么在口译中可以直接将其转换为序数词；如，"甲乙丙丁"就可以用"первый, второй, третий, четвертый"来表示。再如一些习语和引语中，数字所表达的不是一个明确的数目，译者无需拘泥于数字的对应，而应当领会说话者的意图，如"五湖四海"就可以根据情况翻译为"повсюду, повсеместно, во всех уголках, во всем мире, по всему миру"等等，"三思而后行"可翻译为"семь раз отмерь, один раз отрежь"，"в двух шагах"可以翻译为"近在咫尺"等等。

思考题：

1. 请总结中俄文在常见的长度、重量、容量、体积、面积等单位表达上的不同，以及换算公式和中俄文说法对应。
2. 请思考"人"和"人次"有什么区别，在口译当中应当如何去表达？
3. 如何看待数字口译的不精确问题，试举例说明。

第四章　实践口译的方法与技巧

口译最重要的任务就是信息的传达。为了准确地传达说话人的信息，译员要根据具体情况，选择适当的口译方法，灵活运用各种不同的口译技巧，提高口译的质量和表达效果。在本章，我们提供了一些常见且实用的口译方法与技巧，以供大家参考和借鉴。

1. 顺句驱动法

顺句驱动也可以被称为顺译，是指尽可能按照句中概念或意群出现的先后顺序将原语整体意思译出。在口译中，译者需要保持与讲话者同步或一前一后的节奏，迅速地完成来源语信息听取、信息短暂储存、意义转化、译语发布等一系列任务。俄汉两种语言在语序和词序上有很大差异，俄语重视外在形式衔接的"形合"，汉语重视内在意义连贯上的"意合"。如果对来源语的结构进行大幅度的调整，就会加大语言转换的难度，且对译员的信息储存能力形成压力。为避免语言结构重大调整对人脑认知负荷造成的影响，口译中译员应尽量缩小语言结构调整的范围和程度，按照中文或俄文的原文输入次序，采取顺句驱动（即顺译）的策略，借助断句、增补技巧，不间断地将来源语语流切割成单独的语义群或概念单位，再将这些信息以较为适合目标语的表达形式组合起来，快速完成对来源语信息的转换语传递，从而传达原文的整体意义和基本信息。

例句：Мать очень рассердилась на то, что Иван опять не сдал экзамен.

如果按照中文正常的习惯语序来表达，需要经过调整词序，然后翻译成："伊万又没有通过考试，这让妈妈很生气。"但是在口译当中，我们采取顺句驱动的方法，借助断句和增补的技巧，直接将其翻译为："妈妈很生气，伊万竟然又没有通过考试。"

例句：Соревнование будет проходить в 14 часов, на стадионе №1.

按照中文语序应将其翻译为："比赛将于14点，在一号体育场举行。"如果采用顺句驱动的方法，则可以翻译为："比赛将于14点举行，地点在一号体育场。"

例句：Только с Виктором не знали ребята, что случилось.

口语中也会遇到如上面的这个例子，如果调整语序，使其符合中文的语言习惯，应当翻译为："大家都不知道维克多出什么事了。"如果我们按照顺句驱动的方式，基本保持原文句子结构上的前后顺序，可以将其翻译为："只有维克多，大家都不知道他怎么了。"

尤其是在会议翻译或同传过程中，译员事先会有一些资料，或者现场有幻灯片演示，视译是这些情况下的主要口译方式。在进行视译时，顺句驱动更是非常重要的原则，保持原句语序是视译中最有效、最安全且最可行的办法之一。

如果翻译的句子比较长，或出现从句套从句的情况，就需要运用断句法来实现顺句驱动。"断句法"是指翻译时将原句拆开，进行分段处理，以适应译文语言的表达习惯，使译文简练、明确，避免出现长串修饰语。请看以下例句：

例句：Он имеет хорошие привычки вставать рано, делать утреннюю зарядку и ездить на работу на велосипеде.

笔译版本：

他有早起、做早操和骑自行车去上班的好习惯。

口译版本（顺句驱动）：

他有些好习惯：早起，做早操，骑自行车去上班。

例句：После смерти матери Кириллу в голову пришла мысль — жить за границей.

笔译版本：

在母亲死后，基里尔想要去国外生活。

口译版本（顺句驱动）：

在母亲死后，基里尔有一个想法：去国外生活。

例句：В комнату вошла молодая и красивая женщина с широкой улыбкой.

笔译版本：

房间里进来了一位笑容满面的年轻又漂亮的女人。

口译版本（顺句驱动）：

房间里进来了一位年轻又漂亮的女人，笑得很开心。

顺句驱动是会议翻译和同声传译的重要技巧。在翻译过程中遇见较长的句子时，特别是遇见多重复合句、倒装句等句式，一定要注意对句子进行切分，从而尽可能保证快速反应的需要和信息的完整性。此项技巧易于操作，符合口译临场快速反应的需要。

例句：Министр культуры РФ Владимир Мединский принял участие в торжественной церемонии, посвященной отправлению в рейс первого состава, оформленного в честь Года российского кино и получившего имя народного артиста СССР Вячеслава Тихонова.

可以将其拆分为以下四个意群内容：

1) Министр культуры РФ Владимир Мединский принял участие в торжественной церемонии,

2) посвященной отправлению в рейс первого состава,

3) оформленного в честь Года российского кино

4) и получившего имя народного артиста СССР Вячеслава Тихонова.

翻译为中文是：俄联邦文化部部长梅津斯基出席一项盛大仪式，宣告启用首班列车，用于庆祝俄罗斯电影年，并以苏联人民演员吉洪诺夫命名。

需要强调的是，顺句驱动并不等于翻译出来的东西就带有浓厚的"翻译腔"。"翻译腔"是指翻译中译出语不符合目的语语法规范、过度向原语格式靠拢的情况。这就要求译者把握好尺度，尽可能按照句中概念或意群出现的先后顺序将原语整体意思译出，但这并不意味着完全照搬俄语或汉语的句式结构，否则会导致译出语语句生硬，节奏拖沓，反而影响关键信息的传递。因此，我们在运用顺句驱动的同时，还应当灵活运用意译法，不能仅仅追求词汇和句式的对等，而应当使输出内容符合目的语的表达习惯。

2. 意译法

口译最重要的任务是传达信息，而不是传达语言本身，在口译实践中应当"传讯不传词"，因此，在口译实践中如果遇到句子冗长或极简，抑或词汇句型过于专业时，就有必要对内容进行调整，采取相对灵活的方式进行处理，如简化语言形式、归纳总结、解释补充等等。在口译中通常使用"意译法（вольный перевод）"，以原语内容为根本，但不一定保留原语词汇的结构形式及修辞方法，而是用规范且流畅的译语语言单位把原语表达出来，同时应当避免冗长的解释，保持口译节奏。具体可以采取以下技巧来实现意译。

1) 反面着笔

反面着笔（антонимический перевод）是指在口译当中，将原文事物或意思变换表达方式，即从反面着笔处理原文信息，可以将否定译为肯定，将肯定译为否定，将否定的否定译为肯定，或变换角度来表达原文，以便使译文通顺流畅或达到交际目的。

比如我们翻译下面这个例句：А. В. 苏沃洛夫，俄国著名将领，大元帅，指挥过60

多次战斗，且屡战屡胜。参考俄文例句为："Великий полководец генералиссимус А. В. Суворов участвовал в шестидесяти сражениях и неизбежно одерживал победы." 如果译者在口译时没有想到屡战屡胜该如何表达，或突然忘记胜利一词该怎么说，那么他的对立面则是译者可以考虑的翻译方法，屡战屡胜也就是一次都没有输过，因此，我们可以将最后一句转换为"не проиграл ни одного"。再如翻译"赤裸裸的谎言"如果忘记"赤裸裸"怎么说，就可以从反面着笔，将其翻译为"ничем не прикрытая ложь"。运用这样的方法不仅可以避免生词问题，同时也可以增加表达的多样性，再如翻译"中国的发展离不开世界，世界的发展也离不开中国"，我们可以将这里的"离不开"替换为"取决于"，既可以翻译为"Китай не может развиваться в отрыве от всего мира, также и мировое развитие не отделимо от Китая"，也可以翻译为"Китай развивается в зависимости от мира, а мировое развитие зависит от Китая"。也就是说，如果译者遇到生词或不会表达的情况，可以从其反义词寻求突破，以保证口译任务的顺利完成，同时也可以增加表达的多样性。

反面着笔还可以在口译中表达一种强调的语气，比如采用双重否定的方法，如翻译"代表团的人都会说俄语"，可以翻译为"Среди членов делегации нет человека, который не говорил бы по-русски"。用双重否定来表示强调，还可以使用"нет ничего + 俄语形容词比较级简单式"，表达最高级，如"Жизнь коротка, потому и нет для нас ничего дороже времени"。还有一种情况，那就是在口译中表达一种婉转的态度，也可以采用反面着笔的方法，如想要表达"我严肃地对你说"，可以翻译为"Я не шучу"，想要表达"坦率地说"，可以翻译为"Не буду скрывать"，再如翻译"请别打扰我"，可以委婉地处理为"Будьте любезны оставить меня в покое"等等。

2）增译法和减译法

从严格意义上讲，翻译时省略或增加内容算是误译，但在口译实践中往往是不可避免的，甚至可以说是口译中的一种技巧。由于人的理解记忆能力以及信息处理能力是有限的，再加上嘈杂环境等干扰因素，译员将原文信息完全表达出来是非常困难的，加之语言中所含信息往往多于所需信息，这就意味着译员可以对原文内容进行增减或其他改动，以免造成交际中断。

俄语中不仅存在很多表达起承转合的词语，还有一些插入语，在翻译为中文时可以将其适当省略，而在汉语中动词的使用相对较多，在俄语当中有些情况则无需译出，逐词译出反而会使译文不够通顺。如："观众们聚精会神地听发言人演讲"，我们可以将其翻译为："Зрители сосредоточенно слушают оратора"，而并不需要逐词逐句地译出。

在口译实践中，说话人有时为了强调或争取时间构思接下来的讲话内容，往往会用不同的方式重复表达同一思想，译员转译时就没有必要完全重复。如例句："Багаудин хочет путешествовать по всему Китаю, заехать в каждый уголок Китая."重复的部分无需译出，可直接将其翻译为"巴高京想要游览全中国"。再如例句："我的家在东北松花江上"，如完整翻译为俄文是："Моя родина находится на северо-востоке, на берегу реки Сунхуацзяна"，而在口译当中，恰当地使用省略，可以使翻译更为简洁、集中和连贯，翻译为"Моя родина находится на севере востоке"。这样一来，译员在输出阶段节省了不少精力，有更多的时间用于理解和记忆原文内容，为输出做更充足的准备。此外，在俄语表达时，为避免重复，会用不同的词来表示同一个事物，比如说谈到圣彼得堡会用到"Санкт-Петербург/ Северная столица/Колыбель Револющи/Город трех революций/Город белых ночей/Северная Венеция/Северная Пальмира/вторая столица/культурная столица"，有时也会用旧称"Ленинград"或"Петроград"来表示，但是在翻译为中文时，如果直译为"圣彼得堡、北方之都、革命的摇篮或者列宁格勒、彼得格勒等"，会让不熟悉圣彼得堡的人认为发言人是在谈论不同的城市，对其造成语义困扰，此时应当全部翻译为圣彼得堡，必要时再加以解释。

口译中的增词是指翻译时依据意义或句法的需要增加一些词来更忠实、通顺地传达原文的思想内容。比如，汉语当中句子之间的连贯性是隐蔽式的，而俄语句子的连贯性是显性式的，在汉译俄时，往往要增补出连贯词，或者在遇到文化负载词时，为了使听众理解，需要对文化负载词进行增补意译，总之，译员要以是否影响正常交际和听众理解为标准来决定是否加词或减词。如翻译"Все китайские школьники должны читать Лу Синя"这句话时，如果不加词就不符合中文的搭配习惯，因此需要补充出"作品"这个含义，将其翻译为："所有中国中学生都需要读鲁迅的作品。"除了语言句式结构的不同而导致的加词以外，在口译当中，更多的是出于语言交际的需要，从而对一些重点词汇进行解释说明，使转换信息关系更为明确，促进双方的沟通理解。如中方发言人在提到四个意识、四个自信和四个全面时，如果只将字面意义表达出来，外宾可能并不能了解其含义，故应将"四个意识（政治意识、大局意识、核心意识、看齐意识）"翻译为"политическое сознание, сознание интересов целого, сознание ядра и сознание равнения"；同理，"四个自信（中国特色社会主义道路自信、理论自信、制度自信、文化自信）应当翻译为"уверенность в собственном пути, собственной теории, собственной системе и уверенность в своей культуре"；相应的，四个全面（全面建设社会主义现代化国家、全面深化改革、全面依法治国、全面从严治党）应当翻译为"всестороннее построение модернизированного социалистического государства; всестороннее углубление реформ; всестороннее верховенство закона в стране; всестороннее соблюдение строгой партийной дисциплины"。

3）转换法

转换是指在口译当中不必拘泥于原语的词性、语态、语序，只要能够达到翻译的目的和交际的效果，均可以进行转换，尽可能地做到"得其意忘其形"。词性可以进行转换，如名词可以转换为代词、形容词、动词等等。除了词性以外，词义也可以进行转换，运用自己熟悉的同义词来进行替代。

如："华为公司的特点是技术创新"这一句话可以将名词转换为动词，翻译为："Компания Huawei отличается техническими инновациями"；再如："我们需要去史密斯先生那里取一下邀请函"这一句话可以将动词转化为前置词，翻译为："Нам нужно пойти к господину Шмиту за пригласительными билетами"。可以看以下例句进一步理解词性的转换技巧：

例如：谷歌地图可以帮助你确定车辆所在位置与运动方向。

С помощью приложения Google map можно определить, где находится машина и куда она движется.（名词转译为副词）

例如：我们没有等他再问下去。

Мы не дождались его новых вопросов.（动词转为名词）

例如：没有水就没有生命。

Без воды не было бы жизни.（动词转译为前置词）

例如：大会代表们热烈地讨论了当今的全球经济局势。

Делегаты съезда провели горячее обсуждение экономической ситуации в современном мире.（副词转译为形容词）

在口译中，同义转换（解释法）也是意译时非常重要的技巧之一。如果在翻译中遇到自己不熟悉的词汇，译员可以转换为自己较为熟悉的同义词来替换表达。举个例子，"学生成绩的评分按五分制：优、良、及格、不及格"这句话应当翻译为："Знания студентов оцениваются по пятибалльной шкале: отлично, хорошо, удовлетворительно, неудовлетворительно"。但如果对该表述并不十分确定，则不如按照我们的五分制来进行表述，即"Знания студентов оцениваются по пятибалльной шкале: пятерка, четверка, тройка, двойка и единица"。再如，有些词有其字面意义和隐喻意义，在口语表达中，如果突出的其实是其隐含意义，那么口译时，为了语用效果的对等和高效，可以直接将其翻译为其隐含意义。如"玛莎知道丈夫和那位女同学曾经有过一段朦胧的过去"，这里的"过去"其实指的是两人的恋爱关系，所以可以直接译为"роман"，整句翻译为："Маша была в курсе, что между мужем и его одноклассницей когда-то было нечто вроде романа"。在同义转换时还有一个技巧，那就是高频词的使用，比如说"момент"在不同场合下可以翻译为"时候、时机、问题、关键、因素"等义项，类似这样的高频词还有如"мысль, дело, вещь, место, работа"等等。善于使用高频词，可以使得口译更加高效和准确。

在口译中往往还会遇到这样一种情况，在中文里，尤其是排比句式，更倾向于重复使用动词以体现原文浓烈的情感和递进的语气，但在俄文当中，更习惯于更换不同的动词来表达，这也是同义转换的一种特殊情况，即动词复用。根据"汉语倾向排比而俄语排斥重复"的原则，我们可以采用"合"与"变"的方法来进行口译：

例如：全面深化两党交流与合作，有利于促进两国人民的共同利益，有利于促进两国战略协作伙伴关系的发展，有利于促进两国人民的世代友好。

Всестороннее углубление обменов и сотрудничества между двумя партиями отвечает интересам народов обеих стран, способствует развитию отношений стратегического взаимодействия и партнерства между нашими странами и укреплению дружбы между нашими народами из поколения в поколение.（合）

例如：中俄两国是好邻居、好朋友、好伙伴。

Китай и Россия являются хорошими соседями, друзьями, партнёрами.（合）

Китай и Россия являются добрыми соседями, хорошими друзьями и надёжными партнёрами.（变）

例如：面对重重挑战和道道难关，我们必须攥紧发展这把钥匙。唯有发展，才能消除冲突的根源。唯有发展，才能保障人民的基本权利。唯有发展，才能满足人民对美好生活的热切向往。

Сталкиваясь с многочисленными вызовами и трудностями, нам необходимо крепко держать в руках «ключ развития». Только развитие позволит устранить источники конфликтов, обеспечить основные права народов и удовлетворить горячее стремление народов к лучшей жизни.（变）

除此之外，还可以进行语态的转换，如主动变被动，被动变主动。还可以进行语序的转换，如俄语和汉语的定语位置有很大的区别，放在汉语中心词前的定语常常在俄语中采取定语从句的形式放在中心词之后。但一定要注意的是，语态和语序的改变不能广泛地进行使用，因为该技巧与口译中应遵循的顺句驱动技巧相违背，在口译中并没有足够多的时间反应，且如果原文是一连串句子，常常需要在连贯句子中统一使用主动语态，如果轻易改变了主语形式，可能会造成后面句子的转换困难，而口译时来不及反应。

思考题：

1. 什么是"反面着笔"？什么情况下可以采取该方法，试举例说明。
2. 政治领域的口译实践中采用"动词复用"需要注意些什么？
3. 请对比下面的原文和译文，谈一谈两种译文分别用了什么样的翻译方法，并谈谈如何在口译时避免"翻译腔"的出现。

　　В аспекте международного сотрудничества хочется особо подчеркнуть активно развивающееся научное сотрудничество с Китайской Народной Республикой. Об этом свидетельствует стартовавший В 2017 году в Центре технологий Академии наук Туркменистана Первый туркмено-китайский форум «Инновации, новые технологии и вопросы их внедрения в производство», организаторами которого выступили Академия наук Туркменистана и Министерство науки и техники Китайской Народной Республики. В ходе форума были обсуждены перспективные направления взаимодействия двух стран в области экологии, химии, энергосберегающих технологий, альтернативных источников энергии, новых материалов, инноваций в сельском хозяйстве, сейсмологии, медицине, фармакологии, биологии и других сферах.

（摘选自2018年中国-土库曼斯坦论坛发言）

译文一：

在国际合作方面，要特别强调与中国积极开展的科学合作。2017年在土库曼斯坦科学院技术中心举办的，以"新技术创新与生产实践"为主题的第一届中国–土库曼斯坦论坛，就是很好的证明。第一届论坛是由土库曼斯坦科学院和中国科技部共同举办的。论坛中讨论了两国在生态、化学、节能技术、替代能源、新材料、农业创新、地震学、医学、药理学、生物学和其他领域中，具有前景的合作方向。

译文二：

在国际合作方面，要特别强调与中国积极开展的科学合作。关于此有一个很好的证明，即2017年在土库曼斯坦科学院技术中心举办的第一届中国–土库曼斯坦论坛。论坛以"新技术创新与生产实践"为主题，由土库曼斯坦科学院和中国科技部共同举办。论坛中讨论了两国具有前景的合作方向，比如在生态、化学、节能技术、替代能源、新材料、农业创新、地震学、医学、药理学、生物学等领域。

第五章　口译技能的日常训练

　　口译的训练不是一蹴而就的，需要经过数年的知识积累和技能训练，其中，扎实的双语基础是重中之重，如不具备良好的外语能力，只谈口译训练，就如空中楼阁，毫无意义。因此，要想成为一名优秀的译员，首先就要提升自己的语言运用能力，这既包括汉语文化素养，也包括俄语文化素养。译员的双语能力不仅指通晓基本语言知识，如对语音语调、句法结构、词法语义等知识的掌握，更重要的是指运用语言知识的能力（如听、说、读、写、译）。此外，译员还应该了解各种文体或语体风格、语用功能，掌握一定数量的习语、术语、谚语、委婉语、略语、诗句等词语的翻译方法。与此同时，一名优秀的口译员必须是一个杂家，因为翻译的内容可能涉及社会的方方面面，平时需要多积累百科常识，有了杂家的底子，才能应付五花八门的口译任务。除此之外，如果是立志成为某一领域的专业翻译，那么还需要积累相关领域的专业知识。

　　除了语言能力方面的训练以外，相关的口译技能训练也非常重要。在这里，我们以口译的步骤为模型，来分析在口译过程中需要哪些能力，以及获得这些能力所对应的训练方法。口译的步骤可以分为输入（理解）和输出（表达），在输入环节最重要的两个能力就是："理解"和"记忆"，而在输出环节最重要的两个能力就是："表达"和"反应"，这些能力相互交叉，构成一个统一的整体。接下来，我们就以这四个能力为基础，来谈一谈如何进行口译的一般技能训练。

1. 理解和记忆

　　理解是口译的基础。这里的理解主要是指认知理解，即理解过后的认知记忆，而不是单个文字的机械记忆。正如释义学派勒代雷指出的："脱离原语语言外壳是理解一篇文章和用另一语言重新表达之间的一个阶段。它是指语言符号引发的认知和情感意义，是对语言符号的跨越。"（勒代雷，2001：187）译员在领会发言人的意思以后，将意义与词语脱离，把关键信息要点重新用目的语组织起来，从而将原语信息传递出去。反之，如果译员只片面关注发言人的每一个词语，注意力就会放在对每个割裂词汇的理解和记忆上，从而影响整体意义以及关键信息的传达。正如达尼卡·塞莱斯科维奇认为："对口译来说，决不能忘记它的传送意义，不必拘泥于原语的词语和句子结构，不应当把它们逐一译出，因为它们是指路的信号，而不是道路本身。"

为了提升翻译理解能力，在平时的口译训练中，译员首先要提高自己的双语运用能力，扩充自己在相关领域的积极词汇量。在此基础上，还需要锻炼译者提取关键词以及迅速把握译文逻辑的能力，在这里，关键词主要是指讲话人的主要信息点，逻辑主要是指句子的主干、句子与句子之间的逻辑承接关系。同时，译员还应当增强预测能力，即根据学科知识以及对讲话人的了解对讲话内容进行预测，预测和推想句子结构及句子意思等。

在输入环节，记忆能力也是影响口译质量的重要因素。人类的记忆可以分为短期记忆和长期记忆，长期记忆是一种长期牢记信息的记忆，也叫作潜在记忆或被动记忆，短期记忆是指对临时储备于记忆当中、经过人脑筛选过的信息的记忆，也称作操作记忆或积极记忆，根据心理学家米勒在《神奇数7±2：我们加工信息的能力的某种限制》中提出的理论，平均来说普通人只能储存7个互不关联的信息单元，保持时间在1～2分钟。口译活动是集听辨、理解、记忆、转换、表达等多种语言操作为一体的复杂言语活动，其主要依赖的便是译员的短期记忆。但在交替传译或同声传译过程中，信息量之大往往超出短时记忆的负荷，尤其是当讲话人的内容里出现专业术语、数字、复杂句子等因素时，极易导致语义传递的缺失。所以，要想成为一名优秀的译员，不仅需要一流的双语水平，也需要高超的记忆能力。

鉴于此，译员需要接受大量的记忆训练。首先是长期记忆的训练，译员应注重平时基础知识的积累，扩大词汇量，在进行现场翻译前做好相关背景知识、专业知识的准备工作，还要熟悉相关领域的专业术语，而针对短期记忆，译员需要进行相应的专业化训练，培养口译记忆技能，提升短时记忆能力。

如何通过日常训练来提高译员的理解能力和记忆能力呢？这里提供以下几种方法以供参考，其中包括"影子训练""信息视觉化和现实化训练""逻辑分层记忆训练"和"数字记忆训练"。

影子训练

影子训练（теневой повтор）又叫目的语或原语复述练习，就是用同一种语言几乎同步地跟读发言人的讲话或其他音频资料。这种训练方法主要是为了提高短时记忆能力，锻炼分解注意力，提高语速。各种教材或新闻都可以成为训练的素材，在训练初期选取低难度模式，然后循序渐进，逐渐提高。首先，展开单纯的跟读训练，练习一段时间后，可以拉大原文和复述之间的时间差，且原文不停顿，同时增加干扰性训练，如可以在跟读过程中写数字。跟读训练达到一定熟悉度后，进入复述阶段，听完一段话后随即暂停，并马上用目的语概述所听内容。在整个训练过程中我们可以体会到，这一训练方式可以同时调动我们的耳朵、嘴巴和大脑，要求我们同时做到耳听、嘴说、脑记，以及精神的高度集中。

下面举例来进行说明：

Теперь сравним последовательный перевод с синхронным переводом. Синхронный перевод осуществляется одновременно со слуховым восприятием сообщения и предполагает работу переводчика с использованием специальных технических установок. Синхронный перевод с листа осуществляется одновременно со зрительным восприятием исходного текста. Последовательный перевод также подразумевает одновременное выполнение некоторых действий: слушание и письменную фиксацию, прочтение переводческой записи и говорения. Как мы видим, у всех видов устного перевода есть общая черта – временное совмещение выполняемых речемыслительных действий.

我们可以使用上面这个段落来进行由易到难的影子训练：

A. 单纯地做跟读训练，当录音放完第一句以后开始跟读，中间不停顿，不看稿。

B. 在跟读的基础上，加入干扰性训练，如加大时间差、边写数字边跟读等等。

C. 在完成跟读训练的基础上，马上用原语复述刚才听到的整段录音的内容。

信息视觉化处理和视译训练

一般而言，我们对贴近生活、形象生动的描述记忆起来相对容易，印象也比较深刻。信息的现实化和形象化训练就是针对大脑对意象语料的敏感性而设计的，它旨在训练译员通过将信息内容现实化、视觉化来记忆信息的能力。译员可以根据源语言生动形象的描述自行在头脑中勾画出一幅相应的"图景（картина）"或"思维导图（ассоциативная карта）"，以使记忆更为深刻、全面，然后用目标语言将大脑中想象的画面按自己的方式描述出来。

下面举例来进行说明：По случаю волнения на море пароход пришел поздно, когда уже село солнце, и, прежде чем пристать к молу, долго поворачивался. Анна Сергеевна смотрела в лорнетку на пароход и на пассажиров, как бы отыскивая знакомых, и когда обращалась к Гурову, то глаза у нее блестели. Она много говорила, и вопросы у нее были отрывисты, и она сама тотчас же забывала, о чем спрашивала;

потом потеряла в толпе лорнетку.

（из повести А. Чехова «Дама с собачкой»）

假设听到这段来自契诃夫的《带小狗的女人》的优美描写后，译员便可在头脑中勾画出这样一个美丽的场景：夕阳西下，海水泛潮，轮船晚归，安娜·谢尔吉耶夫娜时而透过眼镜望向轮船上的乘客，时而含情脉脉看向古罗夫，说了很多却又忘了很多，一切尽在不言中。译员就可以通过形象化、现实化的方法将一篇复杂的景色描写转化为美丽的生活图景。然后，译员再用译语将其按自己的方式表达出来即可。这样不仅记忆深刻全面，译员也不会陷入机械的"找词翻译"的误区。

视译练习是指译员在看书面材料的同时对材料进行口译。大概节奏是在看过4至5个单词以后开始口译，保持这样的时间差，尽量在翻译的过程中不要停顿和重复，语速保持均匀，减少口头禅。在训练材料的选择上，应该尽量使用时效性强、尚未接触过的新资料。此外，在视译训练时，译者还可以对自己的翻译进行录音，以便稍后仔细收听，总结经验教训。

逻辑分层记忆训练

有效训练记忆的方法是对口译材料进行语篇和逻辑分析，逻辑分层记忆训练主要练习的是抓取关键词、提取段落主要内容的能力，特别是遇到较长的段落，需在短时间内进行逻辑分层工作。训练时应遵循由特殊到一般的规律。最初应该选取逻辑性较强的语音材料，其严谨的逻辑结构、清晰的条理、紧凑的结构更便于记忆，留下的印象也更为深刻，此类训练可以锻炼我们的逻辑思维能力和整理识记能力。待逻辑分析能力和记忆能力都有所提高后，应降低源语信息的逻辑性，使大脑逐渐适应逻辑性一般或较差的语料，最终能将逻辑思维能力作为一种"半自动化"的技能加以掌握，以期在听到任何一段语音材料时，都能下意识地对材料进行逻辑层次的分析和主干内容的提取并加以记忆。这里我们还可以采用"内容复述"和"概括练习"的方法来加以训练，根据吉尔的口译理论，语篇分析有助于译员对原文的理解和概括，译员可以在听完一段话以后，用原语或译语表述大意，概括重点。

可以从简单的段落出发，总结和提取关键句，如：Там, где работа по сменам, человек в свободные дни может работать еще на одной работе. Дополнительная работа может быть и не связана с основной специальностью: например, днем он может работать в учреждении, а рано утром или поздно вечером зарабатывать дополнительно.

我们可以总结为一句话：

Дополнительная работа у человека должна быть связана с его специальностью.

（选自2016年CATTI口译三综真题）

再如：Развитие науки «подарило» человечеству совершенно новые технологии, отвечающие законам природы и экологии. Ценность чистого воздуха была осознана обществом. Экономика стала поворачиваться «лицом» к требованиям экологов. Но это не значит, что поводов для тревоги больше нет: экологические проблемы по-прежнему остры.

可以用一句话总结为：

Развитие науки предоставило человечеству совершенно новые технологии, это значит, что экологические проблемы уже не так остры, как раньше.

（选自2014年CATTI口译三综真题）

在熟练掌握提取逻辑主干的基础上，可以选择段落较长的素材，来提取逻辑分层。

如：我们主张，各国人民携手努力，推动建设持久和平、共同繁荣的和谐世界。政治上相互尊重、平等协商，共同推进国际关系民主化；经济上相互合作、优势互补，共同推动经济全球化朝着均衡、普惠、共赢方向发展；文化上相互借鉴、求同存异，尊重世界多样性，共同促进人类文明繁荣进步；安全上相互信任、加强合作，坚持用和平方式而不是战争手段解决国际争端，共同维护世界和平稳定；环保上相互帮助、协力推进，共同呵护人类赖以生存的地球家园。

逻辑内容主线为：各国人民合作建设和谐世界，主要从1. 政治上…… 2. 经济上…… 3. 文化上…… 4. 安全上…… 5. 环保上……来进行。

数字记忆训练

口译实践中数字的翻译工作是一大难点，数字记忆训练在口译技能训练中属于比较特殊的一项。由于数字是意义单一且固定的"死"信息，其内容不具有可伸缩性，所以数字记忆不需要进行其他信息记忆过程中的分析、整理等工作，而只是单纯的强行记忆。一些高翻机构会对接受训练者进行数字短时记忆的"数字广度"训练。首先进行顺背练习：把数字按照3—9位一组的形式分成若干组，让译员一组为一轮次或两组为一轮次地听辨数字，然后用译语口头复述出来，可以从一组3位数字开始，练到两组9位数字，练习时不得记笔记。然后进行倒背练习，方法基本同上，但要求译员听到数字后用译语倒背出来，目的是帮助译员强化自己的"数字视觉"能力。在听辨和复述的过程中，译员应尽量摆脱数字的源语或译语载体，将数字以阿拉伯数字的形式保持在短时记忆里，并将其投影在自己头脑中的屏幕上，从而提高对数字的感知和记忆的敏锐程度。

如：我们把638、147、529、846、356编为第一组，3 854、9 265、7 469、4 728、5 393编为第二组，依次不断增加组内的位数，直至第九组内的九位数，每一组或每两组一次，让译员快速回答，不可记录。在不断重复上述练习后，可以打乱、增加数字位数，重新编排含有不同位数的组别，再次进行组次练习，如此不断循环往复，不断提升译者对数字的敏感度。

倒数练习主要是为了锻炼译员对数字的敏感程度，同时提升其合理分配注意力的能力。该练习是指译员在训练过程中刻意设置干扰，即在听一段录音或讲话时，译员从999或99开始，由大到小倒数下去，同时还要认真听清说话人的语义，在讲话结束以后，译员复述自己听到的讲话内容，且要保证复述内容准确完整。

2. 表达和反应

译员在进行口译时相当于在发表公众演说，因此译员必须具备清晰、流畅、达意的表达能力。在正式的口译实践中，译员要做到语速不急不缓，音调不高不低，吐字清晰自然，表达干净利落，择词准确恰当，语句简明易解，译文传神传情。

同样要引起译员重视的还有叙述表达环节，译员的语速、语气、发音以及语言组织都决定着一场口译的质量和效果。译员需要训练自己的发音和语气，可以面对着镜子进行模拟训练，也可以委托他人代为录像，稍后进行分析。语速的重要性丝毫不亚于悦耳的声音，译员在口译中要学会压缩和简化语言。有时候，译员语速快是一件好事，如在冗长的谈判中，译员慢慢悠悠只会让谈判双方都很着急上火。但是，译员也要根据场合对语义进行相应的停顿和放慢，如讲笑话时，译员事先停顿2—3秒会使效果更好。此外，不管是出于语言习惯，还是为自己的措辞争取时间，译员使用口头禅会非常影响口译效果，必须将其戒掉。发音要清晰，尽量咬准音，可以叼着软木塞练习发音，念读绕口令，这样能够调动起所有的面部肌肉，把每个音都发清楚。同时，译员的声音越是大方清晰，就越能赢得听众的信任，听众也就会宽容地放过那些无伤大雅的小错误，但译员若是畏首畏尾、细声细气，就会令听众疑心大起，情不自禁去纠其错误，这也是心理学的有趣现象。

译员要切记，公开场合不可过度紧张，音量过大或过小，态度过于随便或过于拘谨，在翻译实践中都不可取。在口译实战中，要注意灵活应变，即使发现自己的错误，也不能慌乱甚至停止翻译。针对漏译、错译等情况要依靠具体语境在后续谈话中对其重点强调，纠正个人错误。要明确具体语境，注意语体正确和用词得当，如新闻访谈、谈判讨论时，个人习惯用语如"значит, ну"一类在这样正式的翻译场合则不可取。而在翻译时间上，可通过词性转化、信息压缩等方式使翻译时间尽量与发言时间相近。针对一些国际词汇，如"global"可直接翻译为"глобальный"，而不用"всемирный"，不必将之替换为单纯俄语词汇。

此外，还要注意口译时的人称使用问题。有些译员在翻译每一句话时都要事先声明是"他"说的，界限划得很清，然而，以"他说"的口吻来表达会让人疑心译员跟讲话者离心离德，怀疑讲话人的发言价值。这里，可以借鉴德国外交部翻译处关于口译人称的原则：用第一人称，也就是说，译员在口译的时候没有"自己"，完全以讲话人的口气翻译。当然，在某些例外场合要做一定的变通处理，比如，有时男性讲话者说到"моя жена"，那么女译员翻译成"我妻子"则显得有些滑稽，不妨翻译成"某先生的妻子"。还有，如果译者同时在为多位讲话人做翻译时，那就不妨加上"他说"，或者是某先生说、某女士说。

译员在叙述表达时，还要遵循一定的逻辑顺序，从概括到具体，从整体到局部，从宏观到微观，准确叙述所听讲话的要点和大意，以此加强自己的概括能力。此外，有多种方式可以锻炼译员的表述能力，如复旦大学刘炜老师推荐"录音+听音"的方法，就是要求学生在口译课上录下自己的口译内容并在课后整理录音笔记，这样有助于学生发现自己的习惯性语病，通过分析自身语言特点加以修正，从而形成良好的语言习惯。

口译训练最行之有效的方法就是模拟训练。老师可以在课堂上组织相应的口译场景，分配给学生不同的口译角色，给其创造一种身临其境的感觉。其实大部分同学从语言能力上来讲可以达到口译的水平，但是因为实践机会少，不敢开口，因此，可以采取口译课堂、口译工作坊、口译实战模拟等方式进行实景演练。学生也可以利用丰富的网络资源，在家进行练习，采取播放音频视频、适时停顿的方式，锻炼自己的口译能力。在此，推荐几个好的俄罗斯网站以供大家参考，如：俄罗斯总统网、俄罗斯新闻社、俄罗斯第一频道等等。

跨文化意识与口译训练

所谓跨文化意识，就是指译者在跨文化交际的过程中形成的特有的思维方式，文化底蕴以及不自觉的文化判断等等。口译不仅仅是语言的简单转换，同时也是跨文化之间的交流，了解两国之间的文化差异是口译顺利进行的基础，译者除应具备良好的双语知识以外，同时应当对两国文化、历史、传统等有深刻的了解，在延续和传播本民族文化的同时，也尊重和接纳异族文化。

口译是一项即时性很强、包含着复杂的思维过程的言语操作活动。在这一活动中，口译员扮演的是为交际双方提供服务的中介人角色，这种中介不仅是两种语言之间的中介，还是两种文化之间的中介。一名优秀的译者在具有专业双语知识的同时，更应当在平时的日常训练中着力培养跨文化意识。

中俄两国在文化背景、宗教信仰、风俗习惯、思维方式等方面的不同，使得两种语言之间存在着极大的差异，如中国人对亲属关系的称谓非常明确具体，从长幼、血缘、辈分方面加以区分；而俄罗斯人则较笼统含糊，只以性别加以区分。这在彼此理解对方的意思方面造成很大困难，如брат（哥哥，弟弟）和сестра（姐姐，妹妹），дядя（伯伯，叔叔，舅舅，姑父，姨夫）和тётя（姑姑，姨，婶婶，舅妈）等等。但俄语中也有个别表示亲属关系的名词指称"过分"具体，以至在汉语找不到与其相对应的词。比如，汉语中"儿媳妇"，无论是对公公而言，还是对婆婆而言，都用这个称呼，可在俄语中却有两个表示"儿媳妇"的名词："сноха"和"невестка"，"сноха"是对公公而言，即父亲称儿子的妻子为"сноха"，"невестка"一般是对婆婆而言，时常是母亲称儿子的妻子为"невестка"。还有俄汉词汇中有许多基本意义相同，但联想意义、情感意义、社会意义等附加意义却因文化因素的差异而不相同，如"берёза"，俄语意义是白桦树，这一词在俄语中有着丰富的象征意义，它可以象征祖国、故土等。而白桦树在中国人的观念中不会产生任何联想意义。

在涉及谚语和典故的翻译时要注意，每个民族都有自己喜欢的文化意象，如中文"三思而后行"在俄语中可以表达为"Семь раз отмерь—один раз отрежь"。其中中文选择了"思"和"行"两个动词，而俄语中选择的是"裁"和"量"两个动词，同时所选用的数字也不同。所以如果在口译当中遇到典故或成语时，首先考虑是否已经有对应的成语，充分尊重各民族的历史传统和语言习惯，如"雨后春笋"翻译为"Как грибы после дождя"，"一箭双雕"翻译为"одним ударом убить двух зайцев"。当目的语中没有对应的成语时，应尽量采取直译的方式，保留原语的形象，如"Москва не один день строилась"可翻译为"莫斯科并非一日建成"。

在宴席或寒暄时，中国人喜欢说客套话，这些语句如果直接翻译为俄语则显得生硬且不知所云，应当按照俄语的表达习惯予以改写，如"到时请您多多关照"可将其翻译为"Мы рассчитываем на ваше внимание"。"这是我们应该做的"翻译为"Это наша работа / Это входит в круг наших обязанностей". "您太客气了"翻译为"Вы излишне любезны"。"礼尚往来"翻译为"На подарок ответить подарком"。

我们接待刚下飞机的外宾，中国人习惯去说"您一路辛苦了"，如果翻译直译为"Вы устали на дороге"，那么所达到的语用效果一定是不佳的，翻译可以根据俄罗斯人的表达习惯将其翻译为"С приездом!"。再比如说告别时，中国人常讲"您慢走！""路上小心"，如果机械地将其翻译为"Идите медленнее! Будьте осторожны в дороге"，就会让外宾感觉奇怪，不如将其翻译为"Счастливого пути!"。

还有一些词汇是在国家社会政治的发展中逐渐形成的，如"страны ближнего зарубежья"实际是指"现已成为独立国家的原苏联各加盟共和国和自治共和国"，我们一般直接翻译为"近邻国家"。"страны дальнего зарубежья"实际是指"现已成为独立国家的苏联各加盟共和国和自治共和国以外的国家"，我们一般翻译为"远邻国家"。

在口译过程中，为了保证信息传递的准确性，除了要关注语音、语法、词汇等语言因素外，还要关注语用差异和非语言的因素。然而学生在口译中，常常忽视不同场景的语用规则，不善于使用面部表情、眼神、手势语、体态语等，比如表示"吃饱"时，俄罗斯人习惯用手在自己的喉咙部位比划一下，而中国人则习惯拍拍胃部或肚子。这些非语言信息在口译时也需要视情况进行传译。

因此，译者应当深入学习两国文化，尤其应当重视对中国优秀传统文化的了解，为跨文化交际积累良好的母语文化底蕴。不了解自身文化，就难以在跨文化交际中摆正态度、展现自我，这种文化的积累功在平时，译者可以多读一些中国传统文化的经典书籍，同时关注传统文化知识的俄语表达，可以参考如中国网（俄文版）、俄罗斯的汉学网、《中国文化概论》（俄文版）等资料，不仅仅做一个好的口译员，更要做跨文化交流的使者，成为中国文化向外传播的民间力量。

思考题：

1. 你如何理解勒代雷的"脱离原语语言外壳是理解一篇文章和用另一语言重新表达之间的一个阶段，它是指语言符号引发的认知和情感意义，是对语言符号的跨越"这句话？

2. 请两两结对进行数字记忆训练，每人写出十组包含3—9位数字的乱序大数，每两组为一轮次进行练习，然后再进行俄译汉的反向练习。

3. 请运用抓取关键信息、逻辑分层训练法及其他本章所学知识，使用以下文段进行口译训练。

  Но вот я о чём подумал, и, думаю, вы это тоже понимаете: когда ребёнку исполнится три года, установленные выплаты прекращаются, и, значит, семья сразу же может попасть в сложную ситуацию с доходами. Это, собственно говоря, и происходит. Этого нельзя допустить. Тем более хорошо понимаю, что, пока дети не пошли в школу, маме зачастую трудно совмещать работу и уход за ребёнком.

第六章　译前准备及临场发挥

一、译前准备

一项翻译任务的成功，70%取决于译员的自身内功和其掌握的技巧，另外30%则是针对某项特定任务所做的准备工作，水平再高的译员都应该尽量避免仓促应战。身处现如今这个信息爆炸的时代，知识更新的速度越来越迅疾，分类越来越细致，译员即使能力再强，也不可能掌握所有的知识，所以，在具备足够的口译能力的基础上，译员应当有针对性地对具体的口译任务进行相应的准备，不打无准备之仗。译员在接受一项翻译工作之前，首先要明确翻译任务、基本翻译内容、服务对象、工作的时间地点、翻译费用等事项，具体准备可以分为以下几个方面。

1. 针对人与事件的准备

人：主要指讲话人及其谈话对象。译员首先要知道会谈者的中俄文姓名、职位和来历等基本信息。如果条件允许的情况下，最好可以和其翻译的服务对象取得提前见面交流的机会，这样可以确认口译的具体任务，熟悉翻译对象的口音、语速和性格，同时建立一种情感上的互信关系。能提前拿到讲话人的演讲稿最好，如果拿不到，可以搜寻一下讲话人以往的讲话内容，大体熟悉其讲话风格。此外，客户此前此后的行程也要了解，以防其在会谈中提起。

事：指有关活动的一切信息，如会议举办的时间、地点、名称、规模、组织者、与会人员构成和议程等，这些可以向会务人员或其秘书寻求相关资料。此外，译员要对两国的风俗习惯、文化禁忌、国内外政治和经济发展及国家大事等基本情况予以熟悉。这样一来，根据提前找到的讲话稿、会谈口径等资料，译员可对翻译内容做出合理推测。例如，笔者在2013年武汉国际友好城市高峰论坛中负责萨拉托夫代表团的翻译时，他们在会见中就提到了2012年湖北省省长会见萨拉托夫州州长的重要事宜。鉴于笔者在会前对两个城市的历史交往和出访记录进行了一定的了解，在正式翻译时就更加游刃有余。再如，译员在担任与俄罗斯联邦经济发展部相关的翻译时，就应该了解以下信息：2008年5月之前，该部门名为俄罗斯联邦经济发展与贸易部

（Министерство экономического развития и торговли Российской Федерации，简称为Минэкономразвития），而在2008年5月梅德韦杰夫总统宣誓就职以后，该部门改名为俄罗斯联邦经济发展部（Министерство экономического развития Российской Федерации，简称仍为Минэкономразвития），其原先对国内和国外贸易的调节职能转移给了俄罗斯联邦工业与贸易部（Министерство промышленности и торговли РФ，简称为Минпромторг），以此强化其宏观经济规划、预测、调控和经济改革的职能。译员应始终铭记，背景知识的了解对于翻译工作的成功至关重要。

2. 主题词库的准备

通过与发言人的交流及对翻译事件的提前了解，译员就可以根据具体的口译任务，着手准备相关背景知识和专业词汇，从而建立个人主题词汇库，同时还要准备相应场合的套话、礼貌用语的使用方案等等。之后，译员可以自己在脑子中进行一次场景模拟，假想任务当天的现场情况：会场是什么样子？讲话人会说些什么？会如何表现？听众又如何反应？以及现场可能出现的问题等等。此外，对翻译过程中可能出现的专业术语和机构类名称，要格外给予重视，提前准备。如例句"В Казахстане проходит заседание высшего Евразийского экономического совета. Лидеры государств-членов Организации обсуждают дальнейшие шаги по сближению и созданию общего экономического пространства"中出现的"высший Евразийский экономический совет"就有约定俗成的翻译方式"欧亚经济委员会最高理事会"（该机构是欧亚经济联盟最高权力机构，负责最终领导和决策，具有唯一性和权威性），如果根据字面意义翻译为"最高欧亚经济委员会"，那么就会和"Евразийская экономическая комиссия"（欧亚经济委员会）相混淆。

对于译员而言，做正式报告的翻译应该是最为简单的。在这种情况下，通常会提前就可以得到整个报告的文本，或者至少知晓报告主题。译员可事先把发言稿译好，但这并非就万事大吉了，因为发言人在现场随时可能会临时发挥，或者发生其他突发状况，比如，讲话者可能在发言时不完全引用该报告的文字，甚至说出与准备文稿完全相悖的内容。因此，译者最好是把原文和译文多熟悉几遍，做好心理准备，并运用一定的翻译技巧，以不变应万变。

3. 身体状态以及硬件的准备

译员不仅要做好业务方面的相关准备，自身的身体状态同样也是不可忽略的细节。为了应对翻译的特殊场合，译员需要进行一些特殊的准备，应经常在随身的背包里携带少量水和食物以便临时补充能量。正式设宴时，译员被安排坐在讲话人背后，由于工作需要，一般是不能与说话人共同进餐的，业内将其称为"小椅子翻译"。在陪同时间较长的情况下，译员要采用"洋葱式"着装法，也就是从外到里每件着装都可以适应场合的需要，口译人员还需要随身携带"文房四宝"：纸、笔、资料和工具书，以备不时之需，如果是为主席台发言人进行翻译，则还需提前进行熟悉场地等工作，确认上场的方式、场上位置、与讲话人的距离等等细节。

综上所述，译者在正式翻译工作开始前要做好充分的准备，当然也需要根据任务的紧急程度和准备时间对准备内容做出相应的调整。如准备时间不足一天，则主要准备翻译中必然会涉及的内容，如双方谈话要点、双方出席人员名单和主要发言人简历等；如准备时间充裕，则可以在以上准备的基础上继续准备所谈问题的背景情况、双方发言人的语言习惯以及过往讲话等等。

同时，译者还要注意的一点是，在与翻译公司或邀请方进行翻译业务协商时，也要对翻译的性质、旅行食宿、人身安全以及翻译价格提前进行确定，签订正规的翻译业务合同，避免事后产生不必要的麻烦。

二、临场发挥

一切准备就绪后，就迎来了最重要的环节——现场翻译。口译实战是对译者综合能力的考验，译者不仅要能够顺利完成语言翻译的任务，还要善于处理各种危机和突发状况。除此之外，译者的语速、仪态、表情、穿着等细节好坏都决定了一场翻译的成败。译者应当提前到达现场，熟悉工作条件与设备，寻找机会与翻译服务对象沟通，还要在现场收集更多资料，如会场内标语、参会手册、用餐情况等。翻译时，译者应着重注意以下几个方面：

1. 心态放平，注意语速

口译译员在工作时必须保持注意力高度集中，不能有片刻松懈、走神，否则容易发生漏听、漏译等影响翻译质量的情况。翻译过程中既不能过于紧张，也不能太过放松，适度的紧张、激动可以转化为翻译过程中的专注，使思维更加敏捷，有利于提升翻译效果。万事开头难,口译员刚开始翻译的几句话有着特殊意义,对赢得现场听众的信任有着非常重要的作用。在翻译过程中,译者要做到吐字清晰、音量适中,如若有麦克风,则要注意与麦克风之间的距离,根据声音效果实时调整自己的位置。译员在口译时,一般使用第一人称,而无需转述,但在同时兼任会谈双方或多方人的翻译时,每次发言都需要指明发言者的身份。此外,译员应少用手势,注意表情不要夸张,即便翻译发生错误时也要保持表情稳定。对于翻译中的重要信息、新信息,如个人观点、具体数字等,译员务必要保证精准传达。在翻译过程中,由于准备不充分或过度疲劳造成的沉默都会使现场氛围尴尬,甚至难堪。

在这里,需要着重强调的是语速的重要性,语速训练的相关方法在上一章中已经提到过。在实际的口译实战中,由于自身紧张或各种干扰因素,译员很容易语速过慢或过快,但切记在交替翻译中译者和说话者的速度必须相适应。平均来说,该速度应为语音感知速度的上限。如果发言人说话过快,译者就必须以等同于其讲话速度进行翻译输出,如果发言人说话过慢,译者则有义务以快于其的速度输出信息。译员应尽可能地减小其语音与讲话者语音之间的停顿,一般来说,翻译者的翻译时间是发言者的四分之三是相对理想的状态。

2. 摆正立场,注意外事礼仪

在进行翻译时,译者要准确定位,时刻铭记自己是言语交际中间人的角色位置,保持中间态度,当发言人开玩笑或怀有敌意时,译者要注意自身态度及语言的处理方式,绝不可表现出个人否定、怀疑或赞同的态度。此外,译员还要保证其翻译语句的简练、准确,为提升交流效率,译者不间断进行翻译之余,还要注意对于一个概念不使用多个同义词,更不要反复询问发言人,避免过于注重修正前文错误。

同时,译员必须具有良好的职业道德和高尚的爱国主义情操。译员必须忠于职守,严守服务对象的机密,对交谈双方负责。译员的翻译活动属于外事活动范围,其一举一动、一言一行都关系到祖国的形象、民族的风貌、机构的利益。译员在口译工作以及与口译工作有关的其他活动中,应洁身自爱,不谋私利,不自行其是,遵守外事纪律和财经纪律,严守国家机密,谨遵外交政策,严格按照口译工作的操作流程办事,不做有损国格和人格的事。译员必须具有高尚、忠诚、稳重、谦虚的品格,讲究外事礼仪、社交礼节和口译规范。译员在口译工作时,要做到忠实翻译,做到不插话、不抢译、不随意增减原文内容;要把握角色,不可喧宾夺主、炫耀学识。译员应注意自身仪表大方素雅、洁净得体，随时检查自己的服饰和仪容，展现出优秀的精神风貌，但同时切勿喧宾夺主。总之，一名高级口译工作者应该是一个仪表端庄、举止大方、态度和蔼、风度儒雅、言谈得体的外交家。

3. 善于运用辅助信息

多层次的信息来源和传播渠道，一方面给口译工作带来了一定的困难，如说话者浓重的地方口音和过快的语速使译员难以耳听会意，但同时，这又为口译工作创造了颇为有利的条件，如可以捕捉说话人抑扬顿挫的语音语调、生动直观的体语表现信息，以及现场与口译内容有关的各种事物，如旅游景点和博物馆的实景实物等，所有这一切都是辅助口译的有利条件。尤其是现如今在会议中广泛使用演示文档演示，译者可以通过幻灯片很好地了解其主题和关键词，有些演讲者甚至可能大段念读演示文档，这就从视觉上辅助了译者工作，有效降低了翻译难度。

4. 应急情况处理

口译突发情况是指译员在进行口译过程中由于原语者表达问题或译员理解问题而遇到的特殊情况，主要包括语言类和非语言类，此时，译员必须启动应急措施，以保证口译任务顺利完成。

1）原语者讲话内容出现错误。有时原语者的讲话内容违反了事实、史实或常识，抑或出现了口误情况，当译员意识到了这一失误并能够修改时，则应该在翻译过程中直接加以纠正；若译员怀疑演讲者表达错误但无法肯定，应在适当的情况下向讲话者询问；一般情况下，在正式大型会议中如无意外，译员应按照原文翻译。

2）原语者讲话内容前后逻辑重复。在即兴演讲或回答提问时，演讲者由于思维或口语表达的限制，在讲话过程中经常会出现不必要的重复、拖沓、语气词，或者逻辑层次不清等问题，译员在翻译时就要对原文进行适当处理，抓住讲话内容主干，对重复拖沓的部分删繁就简，对逻辑不清的部分理清层次，重新整理语序进行表达。

如俄通社—塔斯社驻华资深记者安德烈·瓦西里耶夫在回答记者关于当时俄罗斯新任总统梅德韦杰夫的有关问题时，提到："А...я думаю, что китайские, простые китайцы, китайские, как говорят, лаобайсин? Сто почтенных фамилий, они узнают нашего президента лучше благодаря и этому визиту." 在这段内容中，安德烈·瓦西里耶夫使用多个词组"китайские, простые китайцы, лаобайсин, сто почтенных фамилий"来进行阐释性描述，译员在翻译时没有必要逐字译出，而是直接翻译为："我认为，中国的老百姓完全可以通过我们总统的这次访华对他进行更加深入的了解。"这不仅简化了讲话内容，更准确地传达了讲话要旨。

3）源语者讲话语段过长或过简、语速过快。源语者讲话语段过长，输出信息过多会大大加重译者的负荷，使译者在翻译过程中容易出现错译、漏译的问题。译者在遇到这种情况时，首先应当调整心态、保持平和，其次要对内容进行有效整合，合理分配注意力，不遗漏关键信息。如果译者实在无法记全关键信息，则可以通过以下几种方式予以补偿：如小声询问法、猜测法、漏译法、信息重组法等方法。原语者如果讲话过于简洁，提供的信息量不充足，这会导致译者传递信息时出现错误。如中方问俄方一个小套娃的价格，俄方人员回答："обычно от пятнадцати до тридцати"，中方表示难以置信，原因在于俄方想当然地认为中方会理解这里说的是美元而不是卢布，但中方却将价钱理解为15—30卢布，译者遇到这种情况时，有责任视情况补充量词避免交际失误。

4）源语者讲话过程中出现敏感词。在一些正式外交场合或新闻发布会外国记者提问环节，有时会出现政治敏感词汇。这些词语往往带有明显的意识形态色彩，如果译员翻译不当，会严重影响国家的国际形象，或导致交谈双方氛围紧张，甚至出现不文明用语。此时，译员不能一味追求翻译的忠实与完整，因为这样虽然完整传递了信息，但是却激化了双方的矛盾，不利于双方谈话继续进行。译员应该以大局为重，先避开双方的冲突点，淡化谈话中的不友好语气，待双方怒火平息之后再进行解释，从而化解双方矛盾。

5）译者翻译错误。如果在翻译过程中出现没有听懂或听清的内容，译员首先可以根据上下文来加以判断，如果条件允许，可以请发言者进行重复或解释，切记这一类询问不可太过频繁。如外宾发言提出"Как работает кондиционер？"译者可能只知道"кондиционер"有"空调"的意思，但外宾展示的幻灯片中呈现的是一幅头发的照片，显然逻辑不通，此时译者可以进行问询，外宾给其进行解释："Кондиционирование является важнейшим этапом ухода за волосами."译者通过解释就可以明白这里的"кондиционер"是指"护发素"。如果在翻译中已经出现了翻译错误，那么应及时改正，但不要说"对不起，我翻译错了"之类的话，以免造成听众理解混乱，可以采取重译的办法并在改正的地方加重语气，或者可以采用解释的方法，如"我的意思是……""确切来说"等。为了避免在口译时由于反应时间短而造成的翻译错误，译员可以加入一些不影响文本内容的插入语，如"可以说""我们都知道""иначе говоря""т.е."

"Это значит..."等等。

口译过程中突发情况的处理对提高口译工作的完成度有极重要的意义。在口译准备过程中应该本着认真负责的态度充分准备，提前预测所有可能发生的突发情况并准备好应对方案，在口译过程中出现突发情况时也不应惊慌，要调整好心态，尽最大努力减少丢失的信息，以便顺利完成口译任务。

总之在口译的现场，译者不仅要完成语言翻译的任务，更要眼观六路，耳听八方，保持自信，专注工作，排除干扰，沉着冷静，保持中立，保守秘密，谨记身份，不越俎代庖，保证翻译质量。

思考题：

1. 假设下个月就要带湖北省十余名青年赴莫斯科参加"中俄青年论坛"，请根据往届"中俄青年论坛"相关网络资料，思考应当做哪些准备活动，起草一份涵盖所有需要准备内容的清单及词汇表。
2. 假设你第一次担任大会口译员时，由于紧张过度，加之碰到一位口音较重的发言人，导致前几句话未能成功翻译出来，你会如何处理这种情况？
3. 你如何看待"一名高级口译工作者应该是一个仪表端庄、举止大方、态度和蔼、风度儒雅、言谈得体的外交家"这句话？请说出你对高级口译工作者这一身份的理解。

第二部分　俄语口译实战演练

第一课　飞机出行

1　词汇准备

терминал 航站楼
регистрация на рейс 值机
стойка регистрации 值机柜台
аэрофобия 高空恐惧症，飞机恐惧症
посадочный талон 登机牌
багаж 托运行李
ручная кладь（саквояж）手提行李
багажная бирка 行李签，行李条
табло 信息屏
зал ожидания 候机厅
выход на посадку 登机口
цель поездки 出行目的
предполетный досмотр 起飞前检查，安检
паспортный контроль 护照检查
таможенный контроль 海关检查
лоток 篮，筐
транспортная/ конвейерная лента 传送带
рентгеновские лучи 红外线
скоротать время 消磨时间，打发时间
магазин дьюти-фри, магазин беспошлинной торговли 免税店

медицинская справка 健康证书
предъявлять（документ）出示
телескопическая тропа 登机廊桥
салон самолета 机舱
багажная полка 行李架
проход（飞机上）过道
взлет 起飞
посадка 降落
экипаж 机组人员
стюардесса 空姐
ремень безопасности 安全带
электронные устройства 电子设备
вертикальное положение 垂直状态
получать багаж 提取行李
выдача багажа 行李发放
задержка рейса 航班延误
управление гражданской авиацией 民航局
камера хранения 行李寄存处
аэропортовый сбор 机场建设费
заполнить таможенную декларацию 填写报关单

2 口译实践

🎧 2.1 对话 Диалог

2.1.1

Попов:	Добрый день! Я хотел бы пройти регистрацию на рейс до Пекина. Я могу это здесь сделать?
Служащая:	Да. Это стойка регистрации на данный рейс. Дайте мне, пожалуйста, свой паспорт.
Попов:	Вот, пожалуйста. У меня аэрофобия. Не могли бы Вы дать мне место рядом с проходом?
Служащая:	Хорошо. У Вас есть багаж?
Попов:	Да, одно место. Еще я бы хотел пронести эту сумку как ручную кладь.
Служащая:	Положите, пожалуйста, Ваш багаж на транспортную ленту. О, багаж слишком тяжелый. Боюсь, Вы должны будете сделать доплату.
Попов:	Тогда я выну вот эти книги.
Служащая:	Положите, пожалуйста, багаж на транспортную ленту еще раз. Теперь все в порядке. Можете взять свой паспорт. Вот Ваш посадочный талон.
Попов:	Спасибо большое.

2.1.2

Служащая:	Не могли бы дать мне свой паспорт и посадочный талон?
Попов:	Вот, пожалуйста.
Служащая:	Какова ваша цель поездки?
Попов:	Туризм.
Служащая:	Можете взять свои документы. Счастливого полета!
Попов:	Спасибо!
Служащая:	Здравствуйте! Есть ли у вас ноутбук в сумке?

Попов: Да.

Служащая: Достаньте, пожалуйста, ноутбук и сотовый телефон из сумки, снимите верхнюю одежду, и положите их в лоток. Сумку положите, пожалуйста, на конвейерную ленту.

Попов: Хорошо.

Служащая: Проходите, пожалуйста, через рамку.

2.1.3

Стюардесса: Здравствуйте! Могу ли я взглянуть на ваш посадочный талон, пожалуйста?

Попов: Здравствуйте! Вот, пожалуйста.

Стюардесса: Номер вашего места 18С. Сюда, пожалуйста. Ваше место в третьем ряду справа.

Попов: Спасибо.

Стюардесса: Не хотите ли чего-нибудь выпить?

Попов: Да, пожалуй. Я начну со стакана воды и чашки черного кофе.

Стюардесса: Хорошо. Хотите ли что-нибудь поесть?

Попов: Я думаю, я буду бутерброд с ветчиной. Как долго продлится полет?

Стюардесса: 2 часа, хорошо. Сейчас принесу.

Попов: Еще, не могли бы вы принести мне плед? И наушники тоже.

Стюардесса: Конечно.

Попов: Не скажете, как долго продлится полет?

Стюардесса: Самолет должен начать посадку часа через два.

Попов: Спасибо.

2.2 篇章 Текст

2.2.1 俄译汉

Что надо делать по приезде в аэропорт?

Проходим через службу безопасности

Прежде всего, нужно пройти процедуру предполетного досмотра, а также предъявить для досмотра багаж. При прохождении контроля службы безопасности необходимо предъявить билет, посадочный талон и документ, удостоверяющий личность пассажира.

Вы должны поставить свой багаж на аппарат, который проверяет его рентгеновскими лучами. Запрещается перевозить в салоне самолета ножи, аэрозоли, жидкости более 100 мл. Все эти предметы разрешается провозить в багаже.

Регистрация

Регистрация на международные рейсы начинается за три часа до вылета. Пассажиры подходят к стойке регистрации, предоставляют паспорт и взвешивают чемодан, сдают его в багаж, оставляя при себе ручную кладь. Небольшая сумка, которую вы возьмете на борт самолета называется ручной кладью. На всю ручную кладь и провоз жидкостей и беспошлинных товаров распространяются особые правила.

Каждый пассажир получает посадочный талон, который необходимо предъявить при посадке, проходит паспортный контроль и сканирование ручной клади.

Внимание: На стойке регистрации пассажиров всегда есть багажные бирки, в которые пассажир может внести адрес проживания в пункте назначения и закрепить на багаже, хотя это необязательно. Пассажиру обязательно нужно сохранить номерные бирки, которые обычно временно наклеивают на посадочный талон или в паспорт.

Зал ожидания (перед выходом на посадку)

Когда вы прошли службу безопасности и зарегистрировали свой багаж необходимо пройти в зал ожидания. Ожидайте там до момента посадки. Чтобы скоротать время ожидания, вы можете посетить магазины беспошлинной торговли, которые находятся в международных аэропортах: пройтись по магазинам, пообедать в кафе, отдохнуть и получить от всего этого удовольствие. Именно в этой фразе содержится все то, чем можно заняться в ожидании вылета. В последнюю минутку купить подарок, сувенир на память или немного перекусить. Многое можно купить в аэропорту.

Выход на посадку

Время начала посадки указано как на Вашем посадочном талоне, так и на информационных экранах в аэропорту. Номер выхода также указан. Поскольку номер выхода на посадку может измениться, мы рекомендуем внимательно следить за голосовыми объявлениями и данными на информационных экранах в аэропорту.

При объявлении посадки необходимо пройти к соответствующему выходу и предъявить дежурному по посадке посадочный талон, после чего проследовать в автобус, который доставит вас к самолету. Выход на посадку может находиться как на первом этаже （пассажиры доставляются к самолету на автобусе）, так и на втором （Вы проходите в самолет по специальным телескопическим трапам, соединяющим воздушное судно со зданием терминала）.

Багаж

И вот, наконец, осталась практически финальная часть вашего путешествия в аэропорту — получение багажа. Багаж выдается на багажной ленте, которая движется по кругу. Нужно узнать номер багажной ленты, где будет выдаваться ваш багаж и подойти к ней. При получении багажа необходимо удостовериться в правильности получения багажа, для этого надо сверить номер корешка багажной бирки на багаже с номером отрывного талона у Вас в билете.

2.2.2 汉译俄

机场广播

前往武汉的旅客请注意：我们抱歉地通知，您乘坐的CZ9783次航班由于天气原因不能按时起飞，起飞时间推迟到14:30，在此我们深表歉意，请您在候机厅休息，等候通知，如果您有什么要求，请与工作人员联系。谢谢。

各位旅客，现在播放民航局公告，禁止旅客随身携带液态物品乘机，请各位旅客在办理登记牌的同时,将各类液态物品、膏状、胶状物品(超过一百毫升)提前托运,禁止旅客利用客票交换,捎带非旅客本人的行李物品,禁止旅客携带打火机、火柴登机,谢谢各位旅客的配合。

前往北京的旅客请注意:您乘坐的SU204次航班现在开始登机。请携带好您的随身物品,出示登机牌,由25号登机口上飞机。祝您旅途愉快。谢谢!

女士们先生们,早上好!我是本次航班的机长亚历山德拉·梅德韦杰娃。我谨代表全体机组人员以及航空公司欢迎您乘坐本次航班。本次航班为莫斯科到北京,预计飞行时间为7小时25分钟,飞行速度每小时450千米。飞行期间我们将为您提供冷饮以及午餐。请关闭电子设备,调直座椅靠背,系好安全带。祝您旅途愉快!

3 课文注释

飞机出行以及在机场迎接是外事接待口译任务中的第一个环节,也是翻译与外宾的第一次接触,因此,陪同翻译应当做好充足的准备,首先要和主办方弄清楚本次同行或者接机的航班信息(包括航站楼信息、班次以及抵达和出发时间),其次还要提前向主办方询问中方人员和外方人员的名单以及职位以便翻译,如有需要可以准备接机牌,在接机牌上写上代表团的名称或外宾的名字,在接到人以后协助领导与外宾进行简短的问候和寒暄,如果和外宾一起出行则需要协助外宾办理登机牌、托运行李、通过安检等流程。

1)在飞机出行的主题中常常会遇到关于证件的翻译问题:

常见签证类型有:商务签证(бизнес виза),工作签证(рабочая виза),留学签证(учебная виза),旅游签证(туристическая виза),过境签证(транзитная виза)等。此外还可分为单次往返签证(однократная виза)和多次往返签证(многократная виза),根据持护照人身份,还可分为外交签证(дипломатическая виза)和公务签证(служебная виза)等。

常见护照类型则有外交护照(дипломатический паспорт),公务护照(служащий паспорт)和普通(因私)护照(обычный паспорт)等。

外国公民出、入境俄罗斯时,除护照、签证和机票外,还应出示移民卡(миграционная карта)。移民卡在入境时(при въезде)填写,一式两份,一份在入境护照检查时交给工作人员,另一份则需保留至出境(выезд)。

除此之外还有健康证书(медицинская справка),种痘/预防接种证书(справка о

вакцинации）以及身份证（удостоверение личности）等证件。

2）如在口译过程中遇到航班延误，则要向翻译对象解释原因，常见航班延误原因（**причины задержки рейса**）有以下几种：

气象条件：一般是由于大雾或大雪导致的能见度有限（метеоусловия. Это чаще всего ограниченная видимость из-за тумана или сильного снегопада），飞行管制（управление воздушным движением），飞机故障（неисправности воздушного аппарата），飞机晚点（позднее прибытие самолета），人为因素：旅客或地勤人员迟到等（человеческий фактор, опоздание пассажира, обслуживающего персонала и т.п.）。

3）对话和篇章中出现了以下几个词汇"**полет, прилет, взлет, вылет**"，需注意其区别与联系：

以上词汇分别来自不同的动词："полететь, прилететь, взлететь, вылететь"。四个词为同根词，均与飞行有关，区别在于前缀不同。其中"полет"与"прилет"容易区分，分别意为"飞行"和"飞来，抵达"。较难区分的是"взлет"和"вылет"，二者都可译为"起飞"。但需要注意前缀вз-与动词搭配有"突然"或"向上升起"之意，而вы-与运动动词搭配有"从某处内部出去"之意，因此"взлет"指"起飞，升空离开地面"，与"посадка"（降落）对应，而"вылет"指"起飞，飞离（机场）"，与"прилет"（飞抵，到达）对应。例如：

Во время взлета необходимо вынимать наушники из ушей.

起飞时须摘下耳机。

Время вылета самолета изменилось.

飞机起飞时间改了。

4）对话中出现的"**посадка**"一词既可指"降落"，又可指"登机"，具体含义需根据语境确定，例如：

На посадочном талоне указано время начала посадки на самолет.

登机牌上有登机开始时间。

Во время посадки самолета необходимо выключить электронные устройства.

飞机降落时需关闭电子设备。

5）对话和篇章中出现的"**рамка**"一词本意为"框架；边框；范围"，此处指"安检门"，即"**рамка металлодетектора**"（金属探测安检门）。

6）行李类型

中文所说"行李"，常为概括性表达，包括托运行李（багаж）和手提行李（ручная кладь），托运行李在值机柜台进行交运（сдать багаж），对超重行李（сверхнормативный багаж）额外收取费用，不规则行李（негабаритный багаж）在指定地点进行交运。行李"件数"用место一词表示。

7）机场主要区域和设施

机场一般分为若干航站楼（терминал），各航站楼内分为多个区域，如起飞区（зона вылета）、到达区（зона прибытия）、中转区（транзитная зона）、候机厅（зал ожидания）等，内设多个设施，如值机柜台（стойка регистрации）、航空售票处（点）（авиакасса/ билетная касса）、问讯处（справочное бюро）、失物招领处（бюро находок）、行李提取大厅（зал выдачи багажа）等。

8）乘坐国际航班时，到达登机口前需要通过若干检查，包括海关检查（таможенный контроль），护照检查/边检（паспортный/ пограничный контроль），起飞前检查/安检（предполетный досмотр/ контроль безопасности）。在通过海关检查时，分两条通道，即申报通道/红色通道（красный коридор）和无申报通道/绿色通道（зеленый коридор）。

9）пошлина 与 налог的区别

пошлина关税：Государственный денежный сбор с ввозимых или вывозимых товаров, имущества. 国家对出、入境货物和财产征收的税款。

налог税：Устанавливаемый государством обязательный сбор, уплачиваемый предприятиями, учреждениями, населением и т. п. 由国家规定的企业、机构、居民等必须缴纳的赋税，如所得税（подоходный налог）、农业税（сельскохозяйственный налог）、直接（间接）税（прямой（косвенный）налог）等。

"课税，征税"使用"обложить（облагать）что-л. пошлиной/ налогом"，意为"对……课税"，另有"обложиться пошлиной"指被课税，上税，纳税。

10）飞机舱位等级、航班类型及机组成员的译法

头等舱（первый класс），商务舱（бизнес-класс），经济舱（экономический класс／эконом-класс）

国际航班（международный рейс），国内航班（внутренний рейс），直飞（прямой рейс），中转（рейс с пересадкой где）

乘客（пассажир），机长（капитан корабля/ воздушного судна），副机长（второй пилот），机组人员（экипаж），乘务员（стюардесса）

11）与飞行有关的礼貌用语

表示欢迎，注意动词的接格关系：добро пожаловать + куда 或者 приветствовать + кого где

Желаем Вам счастливого/ приятного полета и мягкой посадки!

祝您旅途愉快，平安降落！

С прилетом!

欢迎到来！

Как долетели?

一路顺利吗？

4 口译实操

4.1 听译

听下列句子，将其直接口译为目的语（5句俄译汉，5句汉译俄）。

_____
_____
_____
_____

4.2 影子练习（笔记法练习）

听下面的一段话，边听边进行影子训练，并在听完之后用目标语概括其关键信息和大意（亦可作为笔记法练习的语料）。

_____
_____
_____
_____

4.3 视译练习

（看下列段落，将其直接口译为中文。）

Прежде всего нужно выяснить какой именно терминал, внутренний, международный. В здании найти номер своего рейса на табло вылета, там указаны стойки регистрации. К этому номеру стойки подходите с паспортом, билетом и багажом, сдаете багаж при необходимости, получаете назад паспорт, билет и посадочный талон, в котором указан номер выхода, через который будет осуществляться посадка. Идете к этому номеру выхода, следуя указателям в здании. Если рейс международный, то далее надо пройти таможню и паспортный контроль - это все будет по пути, не заблудитесь. Далее проверка службы безопасности, снять ремень, часы, ботинки, пройти через сканер. Так вы доберетесь до зоны дьюти-фри и выхода, указанного в вашем посадочном. Там же стоит время посадки, в которое вы должны быть у выхода, пройти в автобус и доехать до самолета по летному полю.

4.4 情境模拟（学生分角色进行翻译实景演练）

乘客A：	您好，我需要办理北京到莫斯科航班的值机手续。
Служащий：	Хорошо, дайте, пожалуйста, ваш паспорт.
乘客A：	给您。请给我靠窗的座位好吗？
Служащий：	Извините, мест у окна нет. Ничего, если вам придется сидеть рядом с проходом?
乘客A：	好吧。
Служащий：	У вас есть багаж?
乘客A：	有一件。
Служащий：	Положите его на транспортную ленту, пожалуйста.
乘客A：	好的。
Служащий：	Вот ваш посадочный талон. Заберите, пожалуйста, ваш документ. Желаю вам приятного полета.
乘客A：	谢谢！

乘客A：	劳驾，请问我的座位在哪里？
Стюардесса:	Идите прямо, 11-й ряд, справа, рядом с проходом.
乘客A：	哪里可以放小件行李呢？
Стюардесса:	Положите на полку.
乘客A：	请问哪里可以拿报纸和杂志？
Стюардесса:	В кармане сиденья перед вами.
乘客A：	谢谢，请问我们什么时候起飞？
Стюардесса:	Минут через 10.
乘客A：	飞机上没有设吸烟区吗？我想抽烟。
Стюардесса:	Извините. Во время полёта на борту запрещено курить.
乘客A：	好的，明白了。
Стюардесса:	Что вы будете пить? Чай, кофе, пепси, минеральную воду, сок?
乘客A：	请给我果汁。
Стюардесса:	Какой сок? У нас есть апельсиновый, томатный и яблочный.
乘客A：	请给我番茄汁，能给我一张毯子吗？
Стюардесса:	Хорошо, принесу через несколько минут.
乘客A：	谢谢。我们还有多久降落？
Стюардесса:	Примерно через два часа.

4.5 自由练习

1) Пассажир летит из Пекина в Москву, но из-за нелётной погоды рейс задерживается и приходится ждать в аэропорту.

2) После прилёта пассажир не смог найти свой багаж в зале выдачи багажа.

第二课　酒店住宿

1 词汇准备

зарегистрироваться 登记，注册
бронировать 预定
бронь（名词）预定
номер（酒店）房间
наличные 现金
кредитная карта 信用卡
выезд 离开
обслуживание номеров 客房服务
ванная 浴室
унитаз 马桶
кран 开关，龙头；起重，吊车
пульт 遥控器
утюг 熨斗
туристический сезон 旅游季
переселиться 移居，搬家，换房
бекон 培根
сауна 桑拿
тренажерный зал 健身房
химчистка 干洗
прачечная 洗衣房
просторный 宽敞的

комфортабельный 舒适的，方便的
шикарный（口语）讲究的，漂亮的；极好的
арочное окно 拱形窗
лаунж-зона/зона отдыха 休息区
подносчик багажа/носильщик 搬运工
заселение 入住
заезд 报到
стойка регистрации/ ресепшн 前台
минибар 迷你吧（酒店房间里的小冰箱）
сейф 保险箱
выселение/ чек-аут 退房
халат 浴袍
вешалка 晾衣架
чаевые 小费
горничная 房间女清扫工
пункт обмена валют 外币兑换处
запасной выход 紧急出口
комната со всеми удобствами 设备齐全的房间

2 口译实践

2.1 对话 Диалог

2.1.1

Иванов:	Доброе утро. Я бы хотел зарегистрироваться.
Служащая:	Вы бронировали номер у нас?
Иванов:	Да, по телефону, вчера вечером.
Служащая:	Ваш паспорт, пожалуйста.
Иванов:	Хорошо.
Служащая:	Хорошо, дайте взглянуть. У вас бронь на одноместный номер. Верно?
Иванов:	Абсолютно правильно.
Служащая:	Вы уже решили, на сколько у нас остановитесь?
Иванов:	На трое суток. Сколько стоит номер?
Служащая:	5000 рублей за сутки. Вы будете платить наличными или кредитной картой?
Иванов:	Карточкой. Она нужна прямо сейчас?
Служащая:	Вы можете дать карточку, когда будете выезжать.
Иванов:	Кстати, во сколько время выезда?
Служащая:	В час дня.
Иванов:	Спасибо. У меня есть еще несколько вопросов.
Служащая:	Буду рада на них ответить.
Иванов:	Как насчет обслуживания номеров?
Служащая:	Обслуживание номеров действует с 6 часов утра до 10 часов вечера. Вы можете сделать заказ по телефону из вашего номера.
Иванов:	Где находится ресторан?
Служащая:	Ресторан находится на 25 этаже. У нас также есть кафе. Оно находится прямо здесь, в вестибюле.
Иванов:	А где можно обменять валюту?

Служащая:	В отеле есть отделение банка, где производится обмен иностранной валюты.
Иванов:	Спасибо за информацию.
Служащая:	Пожалуйста. Вот ваш ключ. Ваш номер 1215. Наш сотрудник поможет вам с багажом.
Иванов:	Спасибо.

2.1.2

Служащая:	Добрый вечер! Чем могу вам помочь?
Иванов:	Я хочу поменять номер. Меня он не устраивает: ванная грязная, унитаз не работает, из крана не течёт вода, полотенец нет и пульт не работает. Еще и окно выходит на улицу. Очень шумно.
Служащая:	Минутку, пожалуйста. Сейчас проверю, есть ли свободные номера.
Иванов:	Спасибо. Я жду.
Служащая:	Извините, пока нет свободных одноместных номеров, потому что начался туристический сезон. Очень много туристов. Зато на десятом этаже ещё есть два свободных двухместных стандартных номера.
Иванов:	А какие это номера?
Служащая:	Не переживайте. Эти два номера только что убрали. Там чисто и удобно.
Иванов:	Хорошо, тогда я его возьму. Спасибо. Вы меня выручили.
Служащая:	Пожалуйста. Сейчас вы можете подняться и собрать вещи. Потом наш сотрудник принесет вам новый ключ и поможет вам переселиться.
Иванов:	Ещё раз благодарю вас.

2.1.3

Служащая:	Обслуживание номеров. Могу я вам помочь?
Иванов:	Доброе утро. Это комната 1015. Не могли бы вы принести в мой номер завтрак?
Служащая:	Конечно, Господин Иванов. Что именно вы хотите?
Иванов:	Стакан апельсинового сока, одну порцию яиц с беконом, тост с маслом и чашечку черного кофе, пожалуйста. Как долго придется ждать?
Служащая:	Минут 15.
Иванов:	Отлично.
Служащая:	Вам нужно что-нибудь еще?
Иванов:	Да. Я бы хотел узнать, на каком этаже у вас находится бассейн.
Служащая:	Бассейн, сауна и тренажерный зал находятся на восьмом этаже.
Иванов:	Замечательно. Спасибо. А вы оказываете услуги по химчистке? Не могли бы вы прислать кого-нибудь, чтобы забрать белье в стирку из моего номера?
Служащая:	Конечно. Я сейчас же пришлю к вам обслуживающий персонал за вещами.
Иванов:	Звучит прекрасно. Большое вам спасибо.
Служащая:	Пожалуйста.

2.2 篇章 Текст

2.2.1 俄译汉

Гостиница «Лиготель» - это современный отель в центре Петербурга напротив Московского вокзала в шаговой доступности от Невского проспекта, рядом расположено метро "Площадь Восстания". Мы предлагаем размещение в комфортабельных номерах различных категорий. Каждый наш гость сможет подобрать номер себе по вкусу. Разные номера – разные впечатления! Но наше качество и сервис остаются неизменными.

Все наши номера оборудованы просторными ванными комнатами с теплыми полами и комфортабельными гостиничными кроватями с ортопедическими матрацами. Вся мебель имеет строгий классический дизайн и выполнена по индивидуальному заказу. В каждом номере есть телефон, большой ЖК-телевизор, бесплатный высокоскоростной WI-FI, кондиционер, фен.

Номера категории «Комфорт» отличаются улучшенной планировкой и площадью (до 22 кв.м.). Из окон открывается шикарный вид на Московский вокзал и Лиговский проспект.

«Семейные номера» - это номера с высокими арочными окнами, из которых открывается замечательный вид на панораму Лиговского проспекта. Больше комфорта, больше уюта, больше позитивных впечатлений! Некоторые номера разделены на два уровня.

Какой бы номер Вы не выбрали, Вы можете быть уверенным, что мы сделаем все возможное, чтобы Вы испытали только позитивные эмоции.

Гостиница «Лиготель» имеет две отдельных зоны отдыха: это небольшое уютное кафе на первом этаже, где можно позавтракать и расслабиться, а также небольшая лаунж-зона на третьем этаже с дизайнерскими диванами.

Кафе в нашей гостинице предлагает не только разнообразный шведский стол на завтраки, но также домашние обеды и ужины. У нас работают исключительные повара, которые привносят свой уникальный домашний стиль в блюда классической русской кухни.

Примите во внимание, что в здании отеля нет лифта, но с 10:00 до 19:00 предоставляются услуги подносчика багажа.

В нашем отеле Вы никогда не останетесь без внимания.

2.2.2 汉译俄

酒店入住：抵达

第一件事就是要登记您的入住。到前台说您用什么名字预订了房间。一定要随身携带护照，最好还有打印出来的预定确认信，您需要在办理入住时出示。如果您有房间预订条件之外的问题（例如早餐和退房时间），最好立即提出，确认好所有细节。另外，如果您被要求出示信用卡，不要惊讶，对大多数酒店来说这是正常现象，是为了确保您有支付能力。

　　一定要问清楚，迷你吧酒水是否收费（通常所有饮料都是收费的，但是很多酒店会提供两瓶免费水），早餐在哪里，无线网密码是什么。文件和贵重物品最好交由酒店行政部门存放在保险箱里。多数情况下这项服务是收费的，但是不怕一万就怕万一。

客房入住

　　办理完登记、确认完所有问题后，您会收到房间钥匙（可能是普通的钥匙，也可能是卡片形状的电子钥匙）。如果您行李很多，酒店工作人员，即搬运员，会帮您搬运。付给搬运员小费会显得您很有礼貌。房间要立即进行检查，如果发现问题，拨打前台电话请求解决。

　　每个房间都应该有一块双面的牌子。如果您不想早上9点被敲门提醒"客房清扫"的话，请使用牌子。把它挂在门把手上，将写着"请勿打扰"的一面朝外。

酒店退房

　　一般来说，酒店退房时间有严格规定（通常是中午12点）。如果您耽搁半小时至一小时，多半不会对您说什么，但如果拖延几个小时，就要收费了。退房前须到前台交还钥匙。如果您使用了额外的收费服务，将会要求您结清消费。还有，不要带走酒店的浴袍、毛巾和晾衣架，这将会被视为盗窃，一段时间以后酒店可能从您的卡上扣除一定的金额作为赔偿。

3　课文注释

　　酒店的住宿也是陪同翻译中的必备流程，在这个过程中，翻译不仅要做好语言的转换交际任务，还应当充当助手或秘书的角色，告知外宾关于时差、兑换外币等事项，同时要落实行李入房、早餐、叫醒、洗衣、商务中心等服务，同时翻译可以在宾馆前台要一张名片，交给外宾，如外宾独自出行散步或游玩，迷路时可以通过名片询问或打车回到酒店。待一切安排妥当之后，要将下一项行程、集合时间与地点以及着装要求提前与外宾确认。

1）酒店类型（виды гостиниц/ отелей）

　　酒店（гостиница или отель）多按星级（звезды）进行划分，可分为一星级（однозвездочный）、二星级（двухзвездочный）、三星级（трехзвездочный）、四星级（четырехзвездочный）和五星级（пятизвездочный）酒店。

　　此外，现在还流行多种酒店类型，例如：商务酒店（бизнес-отель）、精品酒店（бутик-отель）、公寓式酒店（апартамент или апарт-отель）、汽车旅馆（мотель）、青年旅社（хостел）、民宿（гестхаус или гостевой дом）、疗养院（санаторий）、生态酒店（эко-отель）等。

2）客房分类（типы номеров в гостиницах/ отелях）

酒店客房可分为单人间（одноместный）、双人间（двухместный）、三人间（трехместный）等，还可分为标准间（стандартный）、家庭间（семейный）、套间（люкс）、总统套房（президентский люкс）等，按房间内床型，可分为大床房（номер с одной большой кроватью）、双床房（номер с двумя кроватями）等。

3）酒店内通常设有以下设备：

大堂、前厅（холл, лобби, вестибюль）、商务中心（коммерческий центр）、客房（номер）、游泳池（бассейн）、餐厅（кафе, ресторан）、健身房（тренажерный зал）、SPA中心（СПА центр, СПА салон）、洗衣部（прачечная）、理发部（парикмахерская, салон красоты）等等。

4）小费（чаевые）

在俄罗斯有给小费的习惯，通常是出于礼节，向为自己提供服务的人员表示感谢。小费应给现金（наличные），金额自愿，但多为账单金额的10%（10 процентов от общей суммы чека）左右。

5）对话中出现的"舒适"一词："комфортный"与"комфортабельный"

二者均有"舒适"之意，但使用上有区别：

комфортный 舒适的，适意的；设备完善的；生活（使用）方便。与表示抽象概念、动作或状态的名词连用。例如：комфортная ситуация, атмосфера, поездка; комфортное пребывание, путешествие, лечение; комфортный перелёт, ночлег。

комфортабельный 舒适的，方便的。与表示处所、交通工具和内部装饰的名词连用。例如：комфортабельная квартира, мебель, дача, спальня, столовая, ванная; комфортабельный отель, салон, зал, бассейн, автомобиль, самолёт, теплоход, поезд; комфортабельное кресло。

6）汉译俄篇章中出现的"不怕一万就怕万一"，可以翻译为"Лучше перестраховаться, чем сожалеть"。

**7）除本课对话中提到的更换房间（поменять номер）和客房服务（обслуживание номеров）的预定外，酒店住宿过程中还会遇到一些其他常见问题，都需要翻译帮助协调解决，例如：

入住时需要交押金（现金或信用卡）（внести залог（наличными или кредитной картой））；借用酒店设备，如熨斗（утюг）、熨板（гладильная доска）、吹风机（фен）、电水壶（электрический чайник）等；在俄罗斯，出于环保很多酒店默认不提供一次性牙具（одноразовый зубной набор），如有需要可与联系前台取用；房间内除了默认提供的洗发水（шампунь）、沐浴露（гель для душа）、身体乳（лосьон для тела）等，有时会有收费的用品，比如剃须刀（бритва/ бритвенный набор）、茶（чай）、咖啡（кофе）等；有时房间内拖鞋（тапочки）、浴袍（халат）、浴巾（полотенце）等不干净，需要更换等等。

4 口译实操

🎧 **4.1 听译**

听下列句子，将其直接口译为目的语（5句俄译汉，5句汉译俄）

_____
_____
_____
_____

🎧 **4.2 影子练习（笔记法练习）**

听下面的一段话，边听边进行影子训练，并在听完之后用目标语概括其关键信息和大意（亦可作为笔记法练习的语料）

_____
_____
_____
_____

4.3 视译练习

（看下列段落，将其直接口译为中文。）

«Катерина Сити» – современный отель в центре Москвы, расположен в деловой части города в нескольких шагах от метро "Павелецкая" и всего в 3 км от Красной

Площади и Кремля. Европейская архитектура и стильные скандинавские интерьеры в сочетании с приятной домашней атмосферой делают гостиницу "Катерина Сити" неповторимым и комфортным местом для гостей оживленной российской столицы. 120 номеров отеля предлагают все необходимое, включая бесплатный Интернет Wi-Fi и комплиментарный мини-бар.

4.4 情境模拟（学生分角色进行翻译实景演练）

Служащий:	Добрый вечер, чем могу быть полезен?
王林：	晚上好，以我的名字在你们酒店订了一个房间。
Служащий:	Назовите, пожалуйста, свою фамилию.
王林：	姓王。
Служащий:	Одну минуту, я проверю...Да, одноместный номер с завтраком на трое суток. Всё правильно?
王林：	对。
Служащий:	Заполните, пожалуйста, бланк.（распишитесь в журнале登记簿）
王林：	我写什么？
Служащий:	Укажите, кем и когда выдан паспорт. Запишите, пожалуйста, ещё номер паспорта.
王林：	需要签字吗？
Служащий:	Здесь, пожалуйста.
王林：	好的。
Служащий:	Благодарю вас. Вот ваш ключ. Номер 308 на третьем этаже. Лифт находится вон там. Ваши вещи отнести（доставить）в номер?
王林：	谢谢，请问，在哪里吃早饭？
Служащий:	На первом этаже.
王林：	早餐什么时候开始？
Служащий:	С семи до десяти.
王林：	谢谢。

4.5　自由练习

1) На ресепшне. Супруги забронировали двухместный номер в гостинице и хотят заселиться в номер.

2) Гость хочет поменять номер.

第三课 设宴邀请

1 词汇准备

генеральный директор 总经理
делегация 代表团
приветствовать 欢迎
произвести (на кого) какое впечатление
　（给……）留下……印象
устраивать что; ~ кого 安排；适合
гостеприимство 热情好客
банкет 宴会
теплый прием 热情接待，热情招待
банкетный зал 宴会厅
предложить тост（за что）提祝酒词
выпить（за что）（为……）喝一杯
до дна 干杯
приветственный банкет 欢迎宴
по случаю（чего）借……之机
от имени（кого）以……的名义，代表
вовремя 准时
стесняться 拘谨，客气
налить кому 给……倒（酒）
гурман 美食家
подать блюда 上菜
сесть за стол 入座
бесподобный 无与伦比
накрыть стол 摆好饭菜

утка по-пекински 北京烤鸭
наполнитель 馅料
закуска 凉菜
сельдь 鲱鱼
бульон 清汤，肉汤
отвар（煮出的）汤，汁
простокваша 酸牛奶，凝乳
борщ 红菜汤
щи 白菜汤
уха 鱼汤
рассольник 酸黄瓜（肉）汤
свекольник 甜菜汤
окрошка 杂拌汤
вкрутую 煮老，煮硬
кулинария 烹饪法；菜肴
гарнир 配菜
кисель 甜酪
компот 糖水水果
этикет 礼节
отодвинуть 拉开，挪开，移开
чавкать 咂吧嘴
чокаться чем 碰（杯）
（Ешьте/ Кушайте）на здоровье! 随便
　吃吧！

2 口译实践

🎧 2.1 对话 Диалог

2.1.1

Ли:	Здравствуйте, господин Попов! Наслышан о вас. Рад вас видеть у нас. Меня зовут Ли Цян – генеральный директор компании «Цзючжоу».
Попов:	Здравствуйте, господин Ли! Я тоже очень рад познакомиться с вами.
Ли:	Позвольте мне от имени нашей компании горячо поприветствовать вас и вашу делегацию в нашем городе.
Попов:	Спасибо, господин Ли. Разрешите мне от имени нашей делегации выразить сердечную благодарность за ваш тёплый приём.
Ли:	Не за что. Китайцам присуща гостеприимность. Кстати, как вам нравится отель?
Попов:	Всё отлично. Нас всё устраивает.
Ли:	Вот и хорошо. Господин Попов, сегодня вечером мы дадим приветственный банкет по случаю вашего приезда. Прошу вас и вашу делегацию присутствовать.
Попов:	Хорошо, с удовольствием придём. А где и когда будет банкет?
Ли:	В банкетном зале «Янцзы» Международного конференц-центра Дунху. Банкет начнётся в шесть часов вечера.
Попов:	Хорошо. А международный конференц-центр далеко отсюда?
Ли:	Нет, только в двух шагах. Я еще привёз членам вашей делегации пригласительные билеты.
Попов:	Очень вам признателен.
Ли:	Осталось немного времени до начала банкета. Давайте пойдем.
Попов:	Хорошо, пойдемте.

2.1.2

Ли:	Добрый вечер, дорогие гости! Разрешите мне от имени компании «Цзючжоу» горячо поприветствовать вас.
Попов:	Вы очень любезны.
Ли:	Китайцы часто говорят: «Приятели, приехавшие издалека, принесли нам безграничную радость».
Попов:	Мы тоже очень рады были приехать сюда, чтобы увидеть вас.
Ли:	Надеюсь на успех завтрашних переговоров.
Попов:	Не беспокойтесь. Кажется, все вопросы уже разрешены.
Ли:	Давайте выпьем за нашу дружбу!
Попов:	Благодарю вас! В ответ я тоже хочу предложить тост за наших гостеприимных китайских друзей, за великие государства Россию и Китай, за нашу общую цель: дружбу и сотрудничество. Выпьем до дна!
Ли:	До дна! Господин Попов, дамы и господа! Стол уже накрыт. Прошу к столу.
Попов:	Спасибо за сердечный прием, господин Ли.
Ли:	Не стесняйтесь, кушайте на здоровье. Будьте как дома.
Попов:	Мы не стесняемся. Нам очень нравится китайская кухня. Китайские блюда очень вкусные.
Ли:	Приятного аппетита!
Попов:	Спасибо, и вам тоже.

2.1.3

Ли:	Господин Попов, что вам налить? Вино или водку?
Попов:	Налейте, пожалуйста, водку. Говорят, что в Китае очень хорошая водка.
Ли:	Хорошо. Эта водка – знаменитая водка «Маотай» из провинции Гуэйчжоу. За ваше здоровье!

Попов:	Спасибо! За здоровье!
Ли:	Господин Попов, может быть, вам палочками есть неудобно, поэтому мы для вас положили ножи и вилки.
Попов:	Спасибо. Но я хорошо умею пользоваться палочками.
Ли:	Отлично. Вы знаете, что является самым типичным блюдом города Пекина?
Попов:	Ума не приложу.
Ли:	Это утка. Утка по-пекински пользуется популярностью по всей стране. Попробуйте, пожалуйста.
Попов:	Хорошо, но как ее есть?
Ли:	Смотрите, это тонко рубленная утка. Здесь лежат блинчики и различные наполнители. Положите на блинчик кусочки утки и наполнитель, слегка смажьте соевой пастой и всё вместе сверните в трубочку. Потом ешьте!
Попов:	Очень вкусно! Китайская кухня — неповторимая прелесть!
Ли:	В китайской кухне ценится не только вкус, но и цвет, аромат, вид и питательные свойства. Вообще говоря, китайцы – большие гурманы.
Попов:	Разрешите мне предложить тост. За дружбу и сотрудничество!
Ли:	До дна!
Попов:	Господин Ли, огромное спасибо за угощение. Завтра нас ждёт много дел, поэтому я предлагаю закончить наш банкет.
Ли:	Хорошо.

2.2 篇章 Текст

2.2.1 俄译汉

Русская кухня проста и рациональна. Современный обед русских чаще всего состоит из закуски и трех блюд:

1. Закуска. На закуску подают салаты （салаты бывают овощные, рыбные и мясные）, а также различно приготовленную сельдь, ассорти из мяса с соленьями и

другие холодные блюда. Считается, что закуски возбуждают аппетит.

2. Первое блюдо. В качестве первого блюда подаются супы. Они делаются на мясном, рыбном, грибном бульонах, овощном, фруктовом, ягодном отварах, даже на квасе, молоке и простокваше. Супы подают горячими или холодными. Наиболее известные супы: щи, борщ, рассольник, свекольник, уха и окрошка.

В наше время одним из самых распространенных первых блюд остаются знаменитые щи – суп из мяса, свежей или квашеной капусты и других овощей. К щам подают сметану, а иногда гречневую кашу. Весьма популярна уха во всех ее разновидностях. Не менее распространен и борщ, который делается из свеклы и других овощей. Широкой известностью пользуется русский рассольник – суп из утки, курицы или почек с солеными огурцами. Среди русских блюд следует назвать и окрошку – холодный суп из кваса с мелконарезанными кусочками мяса, свежих овощей, яиц вкрутую. Она подается в холодном виде со сметаной. Это освежающий суп, который особенно популярен летом.

3. Второе блюдо в русской кухне необычайно широко. Это и богатый рыбный и мясной стол, и разнообразные блюда из круп, грибов, овощей, яиц, молочные и мучные блюда.

Блюда из рыбы всегда были гордостью русской кухни. Рыбу готовят во фритюре, на вертеле и углях, а также на сковороде под различными соусами – сметанными, томатными, молочными, грибными.

Из мясных блюд наиболее распространена говядина тушеная или жареная, с различными гарнирами. Из мясного фарша готовят котлеты, шницели. Их тоже любят. Характерная особенность вторых блюд современной кухни – обилие овощей: картофеля, капусты, моркови, свеклы и т. д. Чаще всего эти овощи не самостоятельное блюдо, а гарнир к мясу или рыбе.

Ко вторым мучным блюдам относятся вареные изделия из пресного теста: лапша, макароны, вермишель, пельмени и вареники. На второе подают также шашлык, жареную курицу, блины. Надо отметить, что у русских и первое, и второе блюда едят с хлебом. На столе обычно есть нарезанный ломтями белый или черный хлеб.

4. Третье блюдо – сладкое или десерт. Сюда относятся кисель, компот, сладкие пироги, пряники, печеные яблоки и груши, варенье, мороженое разных сортов, также желе, муссы, крема, подаются и свежие фрукты.

Русские придерживаются следующего распорядка питания: в 7-10 ч. – завтрак. В зависимости от индивидуальных вкусов на завтрак могут приготовить яичницу, иногда мясо; пьют при этом чай с сахаром, конфетами, вареньем, кофе, простоквашу, кефир. С 12 до 16 ч. принимается обед – основное питание дня. Он включает закуску, первое, второе и третье блюда. В 17–18 ч. пьют чай. Вечером в 19 ч. – ужин. Это весьма относительное понятие и варируется от полного объема обеда без супа до очень скромного мясного или рыбного, а иногда бывает просто чай.

2.2.2 汉译俄

宴会是比较隆重的社交场合，因此席间礼仪非常重要。掌握席间礼仪的主要目的是避免给他人带来不愉快的感觉，使你的仪态、形象与风度都能给人留下好的印象。

出席宴会前，要做简单的梳洗打扮，女士要淡淡地修饰一下，显出秀丽高雅的气质。男士也要把头发和胡须整理和刮洗干净，穿上一套整洁大方、适合身份的衣服，容光焕发地赴宴。

参加宴会切记不要迟到，要按规定的时间准时赴宴，到达的时间应以提前五六分钟为宜，有时请柬上写明客人到达和宴会开始的时间，一定按时出席。进入宴会厅，要先向主人问候致意，再向其他客人问好。当你入席时，用手把椅子拉后一些再坐下，切记不要用脚将椅子推开。女性身旁若有男友，男友应拉开椅子请女友入座。用餐前，正确的身体姿势应是：身体坐直，手放在膝盖上，不要把手放在桌子上或者摆弄餐具。进餐前要与周围的客人互相结识、交流。

进餐时，举止要文雅，应把食物送入嘴中，而不是把嘴凑近食物。咀嚼食物不要发出声音，万一打喷嚏、咳嗽应马上掉头向后，用手帕掩口。菜或汤很烫时不可用嘴吹，等稍凉后再吃。口中有食物，不宜高谈阔论。嘴唇有油污不要沾染到酒杯上，应先用餐巾拭净。鱼刺、骨头不要丢在桌布上，要放在盛残渣的碟子里。用餐时如果酒水打翻、筷子掉地，碰到了邻座，要道声"对不起"，再请服务员帮忙。对于餐桌上的公用物品，若离你较远，不可起身去取，可请求邻座帮忙，用后放回原处，并向邻座致谢。

宴会中，主人应向来宾敬酒，客人也应回敬主人。敬酒时，不一定个个都碰杯，离得较远时，可举杯用眼睛示意，不要交叉碰杯。

席间，确实有事需提前退席，应向主人说明后悄悄离去，也可以事前打招呼，届时离席。宴会结束退席时，应向主人致谢，对宴会的组织及菜肴的丰盛精美表示称赞。

3 课文注释

设宴邀请是陪同翻译中不可或缺的环节之一。外宾到中国来，东道主要尽地主之谊，邀其品尝中国特色的美食；中方人员到俄罗斯去，也要接受外方的设宴和款待。在这一翻译环节中，译者首先要了解中方和外方的饮食习惯、禁忌以及用餐习惯，确认用餐人数、时间和地点，同时安排好座位并摆好席卡，熟悉宴会中的菜名，向外宾介绍中国的特色菜肴。宴请开始前，翻译需提醒外宾注意时间、地点、中外礼仪差异等相关问题，翻译本人也需遵守商务礼仪，着装得体。设宴方通常会以简短发言宣布宴会开始，席间会介绍菜肴，谈及饮食文化，互致祝酒词等，翻译人员对此均需有一定准备。

1）宴会邀请中常见的句式：

устраивать приём（банкет） по случаю（в честь） приезда... делегации（группы）举行招待会欢迎某某代表团

Самая большая радость—это встреча с другом, приехавшим издалека.

有朋自远方来，不亦乐乎？

В хорошей компании можно много выпить.

酒逢知己千杯少。

2）晚宴（**банкет**）有不同的形式

如告别宴会（прощальный банкет）、答谢宴会（ответный банкет）、冷餐会（банкет-фуршет），有时中国人喜欢用略备薄酒或者便宴（скромный обед）来表示一种谦虚，宴会用餐的形式还可分为自助餐（шведский стол）、桌餐（комплекс）等。桌餐摆席的每个席位是"персона"，如"обед на 10 персон"。除晚宴外，会议期间也会有茶歇（кофе-брейк 或 чайный перерыв）。

3）中俄餐具（**столовые приборы в Китае и России**）

中俄两国由于饮食习惯不同，餐具使用上也有区别。中国人习惯用筷子（палочки）吃饭，而俄罗斯人则习惯使用刀（нож）、叉（вилка）。两国共有的餐具还有勺子（ложка）。

4）中俄两国都有丰富深厚的酒文化，酒精类饮料（алкогольные напитки）繁多，常见的有：

葡萄酒（вино），根据颜色（по цвету）可细分为红葡萄酒（красное вино）、白葡萄酒（белое вино）和粉红葡萄酒（розовое вино），根据含糖量（по сахару）又可分为干葡萄酒（сухое вино）、半干葡萄酒（полусухое вино）、甜葡萄酒（сладкое вино）和半甜葡萄酒（полусладкое вино），含二氧化碳（углекислый газ）的又叫起泡酒（игристое вино）、香槟（шампанское）等。

除此之外，常见酒精饮料还有啤酒（пиво）、白酒（китайская водка）、白兰地（коньяк）、威士忌（виски）、米酒/醪糟（рисовая водка）、药酒（лечебное вино/ травяная настойка）等。

5）文中出现的几个关于"友好的"形容词："**дружный, дружеский, дружественный, дружелюбный**"

以上四个词经常容易混淆词义，其中"дружелюбный"相对易于区分，意为"友爱的，友善的"，侧重指"传递出友善倾向的，表达友善态度的"，如"Китайцы очень дружелюбные"，中国人非常友善。常用搭配如：友善的关系（дружелюбные отношения），友善的目光（дружелюбный взгляд）。

дружеский 友好的，友爱的，朋友的，朋友式的。侧重于强调"来自朋友的，带有朋友特征的，形容朋友间关系的"，例如：дружеские отношения友好关系；友好的圈子，友好谈话，友好建议，友好问候（дружеский кружок, разговор, совет, привет）；友好会面，友好（亲切）谈话，友好微笑（дружеская встреча, беседа, улыбка）；善意的讽刺画（дружеский шарж）等。

дружественный 友好的，友谊的；亲睦的，友善的。该词带有正式色彩，强调"彼此充满善意，建立在友善基础之上，表达好感，（多用于形容各国家、人民及其之间相互关系）"。例如：友好的人民（дружественный народ）；友好国家，友邦（дружественные страны）；友好环境，友好政策（дружественная обстановка, политика）；友好合作（дружественное сотрудничество）；友好关系（дружественные отношения, связи）；友好的关注（дружественное внимание）等。

дружный 和睦的，友好的；同心合力的，一齐的。强调"通过友谊和和睦相互关联的，同时合力进行的"。例如：和睦的班级（дружный класс）；和睦的集体（дружный коллектив）；同心协力的工作（дружная работа）；齐声大笑（дружный смех）； 齐声鼓掌（дружные аплодисменты）等。

6）宴会邀请的重要环节是说祝酒词，常见的表达如下：

Я поднимаю этот бокал за...

Предлагаю выпить за ...

Я хотел бы поднять за...

Разрешите провозгласить тост за наших хозяев и их тёплое гостеприимство.

Давайте выпьем до дна. До дна, за здоровье хозяев!

Я предлагаю тост за наше успешное сотрудничество и взаимопонимание.

7）在宴请时常会遇到中国式的客气话，此时不应拘泥于中文的字面含义，而是翻译出其用意和感情，如：

За моего руководителя, Сергея Николаевича, у которого я многому научился и без которого не было бы сегодняшнего успеха.

Мы сделаем все, чтобы вы были счастливы.

Вы нам очень нужны, очень дороги.

Я желаю каждому из нас мира, любви, исполнения желаний.

Благодарю за приятный вечер.

Мы у вас и ели и пили, и душой отдохнули.

8）在对话中提到了中餐的刀工，中文中常用的切法可以如下翻译：切片（нарезать ломтиками），切丝（нарезать соломкой），切丁（нарезать кубиками）

除此之外，中餐常用的烹调方法有：蒸（готовить на пару）、煮（варить）、炸（жарить во фритюре）、煎（жарить в масле）、炒（жарить на сильном огне）、红烧（тушить в соевом соусе）、焖/炖（тушить）、煲（варить на медленном огне）、烤（печь）、汆（варить в кипятке）等，作为菜名的一部分时，通常用其被动形动词形式。

9）对话3中出现的"Ума не приложу"是成语性搭配。可以翻译为"弄不明白，猜不出，百思不得其解"。

**10）宴会期间难免会涉及菜名的翻译，中餐菜名的俄译是翻译中的难点之一。中国菜名命名方式多种多样，其中最常见的是根据原料名称、烹调方法、口味、形状、发源地、创始人、寓意等，选其一或多种结合的方式命名，如葱爆羊肉、糖醋里脊、东坡肉、松鼠桂鱼、佛跳墙、北京烤鸭、翡翠虾仁等。在对这些名称进行俄译时，首先要清楚待译菜肴主要从何种角度命名，进行相应的突出和强调。常见俄译模式有：烹调方法+原材料，口味+原材料，主材+辅材，形状+原材料，发源地+原材料等，如涉及一定的文化背景知识时，如有时间，最好对其进行解释。

4 口译实操

4.1 听译

听下列句子，将其直接口译为目的语（5句俄译汉，5句汉译俄）。

_____

_____

_____

_____

4.2 影子练习（笔记法练习）

听下面的一段话，边听边进行影子训练，并在听完之后用目标语概括其关键信息和大意（亦可作为笔记法练习的语料）。

_____

_____

_____

_____

4.3 视译练习

（看下列段落，将其直接口译为中文。）

Банкет представляет собой достаточно торжественное и официальное мероприятие. Гости рассаживаются за столом, и за каждым из них закреплено место. На торжествах место может быть обозначено красивой табличкой с именем. Приглашенные, конечно же, могут передвигаться по банкетному залу, но большую часть времени будут находиться за столом.

Для банкета очень основательно готовят блюда. Обязательными блюдами являются горячее, салаты, холодные закуски. Во время подготовки к такому мероприятию следует задуматься над вопросом организации развлекательной программы. Это могут быть конкурсы и танцы. Для банкета обязательно потребуется ведущий, который будет развлекать всех гостей.

Что касается фуршета, то ему отдают предпочтение, когда планируют организацию вечеринки, пикника на природе или какого-то непринужденного праздника. Одним из плюсов такого мероприятия является то, что все приглашенные могут свободно общаться между собой и передвигаться, когда захотят. Именно по этой причине на развлечение приглашенных уделяют не так много внимания, как во время банкета.

Для фуршета меню может состоять из небольших порционных блюд. Безалкогольные и алкогольные напитки разливают по бокалам, и все приглашенные могут подходить и брать то, что хотят. Во время мероприятия должна звучать ненавязчивая и приятная музыка, которая не будет мешать общаться собравшимся.

Вместе с этим, необходимо позаботиться о развлечениях для приглашенных гостей. Развлекательную программу следует подбирать в зависимости от темы вечеринки. Так, это могут быть конкурсы и игры на природе, танцы.

4.4 情境模拟（学生分角色进行翻译实景演练）

Иванов:	Уважаемые дамы и господа! Сегодня мы здесь собрались, чтобы отметить успешное подписание контракта. Стол накрыт, прошу к столу.
王：	谢谢。真丰盛啊！
Иванов:	Прежде всего позвольте предложить первый тост за успехи в нашей плодотворной работе!
王：	干杯。
Иванов:	Кушайте на здоровье. Не стесняйтесь.
王：	这些菜做得真美啊！用餐愉快，伊万诺夫先生。
Иванов:	Спасибо, и вам тоже. Пользуясь этим случаем, разрешите мне сказать несколько слов. Я горжусь нашей командой. Без вас не состоялось бы подписание этого контракта. Разрешите от имени нашей компании поблагодарить вас за вашу эффективную работу.

王:	您是我们的上级，对我们来说这是莫大的荣幸。
Иванов:	Спасибо! Я вижу, что у вас пустые бокалы. Наполните их, пожалуйста.
王:	伊万诺夫先生，请允许我代表所有的同事，祝贺贵公司成功签订合同。祝您身体健康，生意兴隆。

4.5 自由练习

1) Устройте приветственный ужин для китайской делегации. Выразите приветствие, расскажите о городе, ознакомьтесь с планом визита и предложите тосты.

2) Пригласите русских партнеров на прощальный ужин. За ужином расскажите о блюдах и предложите тосты.

第四课　参观游览

1 词汇准备

гид 导游

экскурсия 参观，游览

туриндустрия（туристическая индустрия）旅游业

турпоездка（туристическая поездка）旅游行程

достопримечательность 名胜古迹

площадь Тяньаньмэнь 天安门广场

парк Ихэюань 颐和园

Великая Китайская стена 长城

Пекинские дворики Сыхэюань 四合院

переулки Хутуны 胡同

культурный памятник 文化古迹

купить билет с рук 买倒手票

протяженность 长度

оборона 防御

наблюдательная/ сигнальная вышка 瞭望台/烽火台

фарфор 瓷器

эмаль 珐琅

чайный набор 茶具

запретный город 紫禁城

мавзолей 陵墓，纪念堂

резиденция 官邸，府邸

рукотворный 人造的，人工的

чайная церемония 茶艺，茶道

невооруженный глаз 肉眼

музей восковых фигур 蜡像馆

экспозиция 陈列品，陈列

ЮНЕСКО 联合国教科文组织

тибетская медицина 藏医

шопинг 购物

архитектурный ансамбль 建筑群

Зимний дворец 冬宫

Дворцовая площадь 冬宫广场

здание Главного Штаба 总指挥部

Триумфальная арка 凯旋门

Александровская колонна 亚历山大柱

пешеходный 步行的

грандиозный 宏伟的

сувениры 旅行纪念品

магнит 冰箱贴

восточный массаж 东方式按摩

Памятники мирового культурного и природного наследия 世界自然与文化遗产

групповой тур 团体游

2 口译实践

🎧 **2.1 对话 Диалог**

2.1.1

Гид:	Здравствуйте. Меня зовут Сяован. Я буду вашим гидом. Хотела бы с вами обсудить план вашей экскурсии по Пекину.
Турист:	Отлично, спасибо. Давайте обсудим.
Гид:	Как известно, Пекин — большой город со множеством достопримечательностей. С чего бы нам начать?
Турист:	Я бы хотел увидеть площадь Тяньаньмэнь вначале. Это возможно?
Гид:	Безусловно. Она расположена в самом центре города, к югу от знаменитого музея Гугун. Говоря о площади Тяньаньмэнь, вы бы хотели посетить музей Гугун?
Турист:	Да, именно ради него я и приехал.
Гид:	Тогда забронирую билеты в музей Гугун на завтра. А что еще хотели бы увидеть?
Турист:	Было бы здорово прогуляться по проспекту Чанъаньцзе.
Гид:	Прекрасно. Мы можем пешком прогуляться туда после посещения музея.
Турист:	Кроме этого, я мечтаю подняться на Великую Китайскую стену.
Гид:	Отличная идея. Мы сможем туда поехать во второй день.
Турист:	Не проблема. Я хотел бы еще посетить парк Ихэюань, если не возражаете.
Гид:	Вовсе нет. Это отличный выбор. Вы еще можете попробовать утку по-пекински. По вашему желанию, конечно.
Турист:	Безусловно, она мне очень нравится. Кажется, все очень хорошо.
Гид:	Тогда договорились. План составлен. Приду завтра к вам в 9:00 утра. До завтра.
Турист:	До завтра.

2.1.2

Гид:	Мы уже приехали. Это Бадалин, одна из главнейших частей Великой Китайской стены.
Турист:	Какое великолепное сооружение! Сяован, когда стена была построена?
Гид:	Строительство стены началось примерно в 7 в. до н. э. И впоследствии не раз проводилось удлинение и укрепление стены.
Турист:	Какая древняя стена!
Гид:	Стоит подчеркнуть, что при династии Мин в 15-16 вв. стена укрепилась брусчаткой и кирпичом и она приобрела сегодняшний вид. И общая протяженность превысила 6000 км.
Турист:	Ого, какая длинная стена! Трудно представить себе, как тогдашним людям удалось построить такую длинную стену без подъемного крана и машины.
Гид:	Великая Китайская стена полностью подтверждает интеллектуальные способности китайского народа.
Турист:	Да. Китайский народ трудолюбивый и умный.
Гид:	Такой и русский народ. Человек – творец истории.
Турист:	Совершенно верно. Сяован, а что это за вышка?
Гид:	Это наблюдательная вышка (сторожевая башня). А там вдалеке на холме еще сигнальная вышка, направленная на предупреждение о военной обстановке.
Турист:	Мне кажется, в древние времена такую стену никто не мог бы преодолеть.
Гид:	В древнем Китае она предназначалась для защиты от кочевых народов, а сегодня она уже превратилась в один из самых крупных культурных памятников Китая.
Турист:	Да, всем известно, Великая Китайская стена – это символ Китая.

	Мы даже говорим, «Кто не поднимался на Великую Китайскую стену, тот не был в Китае».
Гид:	Мы тоже говорим, «Кто не побывал на Великой Китайской стене, тот не молодец». И конечно, вы – молодец!

2.1.3

Турист:	Я хотел бы взять с собой что-нибудь на память. Посоветуйте мне, пожалуйста, какие подарки привезти своим родственникам?
Гид:	Можете купить сувениры изделия китайских народных художественных промыслов.
Турист:	Хочу купить бамбуковые палочки в подарок своему другу.
Гид:	Господин, будьте добры, пожалуйста.
Продавец:	Что хотите посмотреть?
Гид:	Покажите нам, пожалуйста, эти палочки.
Турист:	Отлично. Очень тонкая работа. Я беру. Господин, скажите, пожалуйста, какие сувениры самые типичные для Китая?
Продавец:	Все, что у нас продается, характерно для Китая. Посмотрите, пожалуйста, эти изделия с эмалью.
Турист:	Очень красиво. Хотел бы еще купить фарфор.
Продавец:	Тогда посмотрите эти чайные наборы. Это традиционный фарфор Цзиндэчжэня.
Турист:	Что такое Цзиндэчжэнь?
Продавец:	Это название города в провинции Цзянси. Примерно 1000 лет назад фарфор этого города уже прославился по всему Китаю.
Турист:	Мне очень понравился этот фарфор. Покажите еще тот чайный набор с синими узорами.
Продавец:	Это чайный набор в цинском стиле.
Турист:	Очень изящный набор. Посчитайте, пожалуйста, сколько я вам должен?

Продавец:	Всего 550 юаней. Это ваш чек, заплатите на кассе и возвращайтесь за товарами.
Турист:	Хорошо.

2.2 篇章 Текст

2.2.1 俄译汉

Продолжительность: 7 дней.

Программа тура:

День 1. Перелёт Москва – Пекин. Прибытие в Пекин, история которого насчитывает более 3000 лет. Встреча в аэропорту, размещение. Экскурсия на Центральную Площадь "Тяньаньмэнь" – площадь Ворот небесного спокойствия. Она расположена в самом центре Пекина, к югу от знаменитого Запретного города. В центре площади возвышается мавзолей Мао Цзэдуна, где находится саркофаг с его телом. 1 октября 1949 года с этой площади Председатель коммунистической партии Китая Мао Цзэдун провозгласил образование КНР. Экскурсия в запретный город - Зимний императорский дворец Гугун – самый грандиозный комплекс китайского дворцового искусства – резиденция 24-х императоров династии Мин и Цинн. Чайная церемония. На церемонии Вы попробуете одни из самых известных сортов китайского чая, а также научитесь его правильному приготовлению. Обед. Посещение Храма Неба, самого большого культурного Храма в мире и единственного круглой формы в столице. Храм существует уже более 500 лет. Здесь находится знаменитая стена отраженного звука, воспроизводящая по периметру в 64м слова, произносимые шепотом.

День 2. Завтрак в отеле. Экскурсия на Великую Китайскую стену – символ китайской нации, крупнейшее в мире по масштабу оборонительное сооружение. Стена – единственное рукотворное сооружение на Земле, видимое из космоса невооруженным глазом. Обед. Посещение музея восковых фигур, самого большого китайского музея восковых фигур. Здесь представлены восковые фигуры известных людей разных времён и народов. Экспозиция делится на семь категорий, охватывающих такие области, как политику, образование, науку, искусство, спорт.

Экскурсия на Олимпийские объекты и фабрику жемчуга.

День 3. Посещение Летнего Императорского дворца – Парка Ихэюань, одного из самых красивых парков в мире. Парк занесен ЮНЕСКО в список всемирного наследия человечества. Во всем парке более трех тысяч строений. Обед. Государственная шелковая фабрика, Диагностика в центре Тибетской медицины, где работают народные целители и врачи, прошедшие многолетнюю стажировку в Тибете. Парк Мира. Ужин «Утка по-пекински».

День 4. Завтрак в отеле. При согласовании с гидом, по желанию, в этот день можно посетить прочие достопримечательности или отправиться на шопинг по магазинам.

День 5. Завтрак в отеле. По желанию, в этот день можно посетить другие достопримечательности или отправиться в магазины за покупками.

День 6. Завтрак в отеле. Свободный день.

День 7. Завтрак в отеле. Сдача номеров в 12.00. Трансфер в аэропорт. Перелет Пекин – Москва.

2.2.2 汉译俄

冬宫广场是圣彼得堡的中心广场，是修建于十七世纪下半叶至十九世纪上半叶的建筑群。

广场由一系列国家级历史文化遗迹组成，如冬宫、近卫军参谋部大楼、总参谋部大楼和凯旋门、亚历山大纪念柱。

广场作为圣彼得堡市中心历史建筑的一部分被列入《世界遗产名录》，现在成为步行区。二百多年间数代杰出的建筑师曾为这些建筑付出了劳作。

冬宫的建设依照拉斯特雷里的设计，开始于1754年，结束于1762年，对建筑群的产生起到了主要作用。对冬宫广场建筑群的建造做出了最大贡献的是罗西。1819—1829年间他修建了宏伟的总参谋部大楼和部委大楼，并用横跨大马尔斯大街上的恢弘的凯旋门将两座建筑连接起来。1830—1834年间在广场中心根据建筑师蒙费朗的设计修建了亚历山大纪念柱，用以纪念1812年卫国战争。

3 课文注释

旅游口译具有综合性、灵活性、趣味性、游客导向性等特点，在参观游览过程中，翻译角色与导游相似，经常需承担行程安排、景点讲解等任务。如果需要制定行程，则需考虑到时间、相关人员偏好等因素。如外宾已安排好行程，需提前了解即将参观的地点，做好充分的准备。介绍名胜古迹时，必然会提及其背后的历史文化知识，在翻译时，要结合具体场景，对其进行灵活恰当的处理，同时译者应熟悉参观游览的相关注意事项，并对旅行中会出现的意外情况有预案准备。在旅行游览时，外宾不可避免会去购物买纪念品，作为译者应当真诚地推荐有特色的商品和纪念品，但不应当以利益或收取回扣为目的，强迫或欺骗外宾购物。

1）对话中提到长城，常说"不到长城非好汉"，俄语可译为"Кто не был на Великой Китайской стене, тот не молодец"或"Тот не может считаться молодцом, кто не взбирался на Стену"。

2）参观游览中常需介绍名胜古迹的历史，提及其修建时间，常用表述有：

Что было создано в каком году 修建于某年

Что берет свое начало в какое время/ в каком месте 起源于何时或何地

Строительство чего началось в какое время. 对……的建造始于何时

Что начало свое существование в какое время 始于何时

История чего насчитывается сколько лет. 已有……年的历史

Это сооружение относится к какому веку. 该建筑兴建于多少世纪

3）参观游览结束后，外宾通常会购买纪念品，最常见、最受外宾欢迎的中国纪念品有：

茶（чай）、丝绸（шелк<шелковый шарфик или шелковая одежда>）、饰品（手镯、项链等）（украшения <браслет, бус и др.>）、筷子（палочки）、瓷器（фарфор）、中国结（китайские узлы）、字画（каллиграфия и живопись）、酒（спиртные напитки）、京剧脸谱（маски пекинской оперы）以及对话中出现的景泰蓝（изделия с эмалью）等。

最受中国游客欢迎的俄罗斯纪念品有：

套娃（матрешка）、伏特加（водка）、琥珀制品（янтарные изделия）、鱼子酱（икра）、巧克力（шоколад）、紫金制品（изделия из красного золота）、孔雀石

（изделия из малахита）、披肩（платок）、毡靴（валенки）、蜂蜜（мед）、首饰盒（шкатулка）等。

4）注意区分"Великая отечественная война"与"Отечественная война 1812 г."这是两个不同历史时期的战争，前者为伟大卫国战争，是第二次世界大战期间苏联与德国之间的战争，发生于1941—1945年，后者为俄国和法国进行的1812年战争。

5）作为翻译人员陪同参观游览时，常涉及行程单的翻译。根据具体语境，"行程单"可译为"план экскурсии"（游览计划、日程），"программа тура"（旅行日程），"расписание мероприятий"（活动日程）等。行程单通常含以下要素：

A. 日期（дата），必要时还应标注星期（день недели）。此处需注意，中文中日期的顺序通常为"年月日"，但俄语常常相反，为"日月年"，因此若中文中日期为2018年12月4日，俄语应译为«04.12.2018»，或«4 декабря 2018 г.»。若在行程表开头指明了起始日期和天数，行程表中也可只标明"第几天"（день 1/ 2/ 3/ 4…）。

B. 时间（время），即标明各项活动起始时间，通常采用24小时制。

C. 活动内容（мероприятие），如接机（встреча）、送机（проводы）、购物（шопинг）、休息（отдых）、早餐或午餐（завтрак или обед）、参观某地（посещения какого-л. места, экскурсия в/на /по…）等。需注意：在翻译活动内容时，应使用名词或动名词，例如，"游览故宫"可译为"посещение музея Гугун"，"游览北京"可译为"экскурсия по Пекину"，"入住宾馆"可译为"размещение в отеле"等等。

D. 地点（место проведения），与以上各项活动对应，地点可以是机场（аэропорт）、商场（торговый центр, торговый комплекс）、酒店（отель, гостиница）、某旅游景点（какая-л. достопримечательность）等，通常译为相应的俄语一格形式。

E. 人员，根据具体情况，可以是导游（гид）、旅行社工作人员（сотрудники турагентства）、接待方的工作人员（сотрудники принимающей стороны）等。

F. 备注（примечание），指出未尽事项。

6）翻译名胜古迹名称时，应先查询，是否已有通用译法，若有，则一般援用通用译法，例如冬宫（Зимний дворец），亚历山大柱（Александровская колона），若没有，则需另行翻译，采用"意译通名，音译专名"的方法，如黄河（река Хуанхэ）、东湖（озеро Дунху）、天后宫（дворец Тяньхоугун）等等。

7）对景区进行介绍时，通常会介绍其级别，如文中的"被列入联合国教科文组织人类世界遗产清单"（…занесен в список всемирного наследия человечества

ЮНЕСКО），此外，根据中国的景区质量等级划分，由高到低还可分为AAAAA、AAAA、AAA、AA、A级，俄语可表述为"...занесен в список 5A/ 4A и др."或者可以表述为"пейзажи разряда 4A"（4A级景区）。

8）俄语中的一些复数名词翻译为中文时如何体现其复数呢？可以根据具体情况具体分析，如可以将俄语的复数名词翻译为汉语的叠词，例：Проплывали воспоминания о молодости, о делах прошедшего. 浮现出一幕幕对青年时代和往事的回忆。

9）在口译中使用列举句型，用**такой как**+名词一格，可以有效地避免名词变格，将注意力完全集中在关键词的选用上，如"我到过俄罗斯很多大城市，比如莫斯科……"就可以翻译为："Я побывала во многих крупных городах, таких как Москва...."

再如，"此次会议期间，中国、巴西、俄罗斯、印度、南非的部长们将讨论促进投资便利化、促进贸易发展、加强经济技术合作、支持多边贸易体制等议题"。

可以翻译为：В ходе совещания министры Китая, Бразилии, России, Индии и ЮАР будут обсуждать такие темы, как упрощение инвестиций, содействие развитию торговли, укрепление экономического и технологического сотрудничества и поддержка механизма многосторонней торговли.

4 口译实操

听录音请扫二维码

4.1 听译

听下列句子，将其直接口译为目的语（5句俄译汉，5句汉译俄）。

4.2 影子练习（笔记法练习）

听下面的一段话，边听边进行影子训练，并在听完之后用目标语概括其关键信息和大意（亦可作为笔记法练习的语料）。

4.3 视译练习

（看下列段落，将其直接口译为中文。）

Красная площадь – это место, которое стремятся посетить абсолютно все туристы, приезжающие в нашу страну. Но чем же она знаменита?

Место, где находится сейчас Красная площадь, было определено еще при русском царе. Было это во время Ивана III. Это было время, когда начали перестраивать Кремль, и площадь расположилась вдоль него (конец XV начало XVI веков). Это центральная площадь города Москвы и всей Российской Федерации.

По размерам площадь не маленькая и она достигает 330 метров в длину и 70 метров в ширину.

На ее территории разместились такие знаменитые достопримечательности, как памятник Минину и Пожарскому, мавзолей великого русского вождя Великой Октябрьской социалистической революции – Ленина. Посмотрев только лишь на храм Василия Блаженного, можно судить о величии и красоте самой площади.

В 80-х годах прошлого века площадь вошла в список наследия ЮНЕСКО. До этого момента, по площади передвигались автомобили, теперь здесь только пешеходная зона. Вся площадь выложена брусчаткой.

Центральное место на площади занимает мавзолей, где находится тело Ленина, именно сюда чаще всего ходят туристы. Но при посещении мавзолея есть ряд ограничений: в него нельзя заходить с сумками, с рюкзаками и пакетами. Сюда нельзя заходить даже с мобильным телефоном, на котором есть видео камера.

В южной части площади можно увидеть лобное место. Это место, находится на возвышенности, и обнесено оградой. Ранее было мнение о том, что на данном месте проводились казни, но по большому счету это ошибочно. В целом место считалось святым, на нем оглашали царские указы. При начале войны именно на этом месте стоял человек и объявлял об этом. Даже крестный ход совершался вокруг него, а не вокруг храма.

Красная площадь является действительно историческим местом, на котором проходили все важные события, связанные с историей нашей страны. И именно этим и определяется интерес к нему туристов.

4.4 情境模拟（学生分角色进行翻译实景演练）

王丽： 瓦洛佳，你在上海读书还是工作？

Володя： Я учусь в Шанхайском университете иностранных языков.

王丽： 你在这儿住了多久了？

Володя： Только три месяца.

王丽： 你了解上海吗？

Володя： Нет. Я впервые в этом городе. Но в Москве я много слышал о Шанхае и читал статьи в газетах и в интернете о городе. Ван Ли, ты можешь мне показать этот город?

王丽： 可以，我是上海本地人。我已经在这居住二十年了，很了解它。我很高兴做你的向导。

Володя： Спасибо. Куда нам лучше поехать сначала?

王丽： 先去南京路比较好。这是上海最著名的街道。它分为东路、中路和西路。

Володя： Какие сооружения там более известные?

王丽： 很多。那里有静安寺、上海中心、上海展览中心、上海美术馆等等。

Володя： Сначала я хочу посмотреть Шанхайский выставочный центр. Что это за место?

王丽： 这个中心在苏联的协助下建于1955年。越往东走，你会看到越来越多的大型购物地点。南京路完全可以说是一条步行街。南京东路的西段通向人民广场和人民公园。过去广场和公园是另一条商业街——南京西路。这里坐落着有趣的花鸟商店，售卖盆栽的花、小金鱼、笼子里养的小鸟或者就是鲜花。售卖鲜花在中国是比较少见的现象，通常卖的都是塑料的或者丝绸的花。

Володя： Что там еще есть?

王丽：	还有上海美术馆。那里展出中外画家的作品。
Володя：	Я думаю, мы не успеем посмотреть всю улицу за один день. Давай завтра приедем сюда снова.
王丽：	好的。

4.5　自由练习

1) Составьте план экскурсии 《7 дней в Ухане》, в который включаются встреча и провод в аэропорту, шопинг, отдых, посещение достопримечательностей и др.

第五课　时政外交

1　词汇准备

открыть новую страницу в летописи 翻开新的篇章
в преддверии чего 在……前夕
коренные интересы 核心利益
антифашистская война 反法西斯战争
поднимать что на новые высоты 上升到新高度
раскрывать новаторский потенциал 开拓创新
идти в ногу со временем 与时俱进
дальновидность 前瞻性
созидательность 开创性
всеобщая выгода 普惠
обоюдный выигрыш 共赢
устойчивое развитие 可持续发展
конкурентоспособность 竞争力
взаимные инвестиции 相互投资
унилатерализм 单边主义
побить исторический рекорд 创历史纪录
трансграничная электронная торговля 跨境电商
поступательное развитие 逐步发展
пандемия 大流行

вакцина 疫苗
финансовый кризис 金融危机
торговые конфликты 贸易冲突
санкция 制裁
наложить отпечаток на что 在……上留下印记
неотложная задача 刻不容缓的任务
национальный бюджет 国家预算
под эгидой кого 在……的保护下，在……的庇护下
заимствовать 借用，采用
цепочка поставок 供应链
зеленый коридор 绿色通道
продовольствие 粮食
политическая шелуха 政治外壳
финансовая транзакция 财务往来
реорганизация 重组，改组
политическое взаимодоверие 政治互信
двусторонние отношения 双边关系
геополитика 地缘政治
взаимодополняющие преимущества 互补优势
на благо кого 为了……的利益

исходя из чего 出于……
эстафета дружбы 友谊的接力棒
сообщество единой судьбы человечества 人类命运共同体
междержавные отношения нового типа 新型大国关系

постоянный член 常任委员，（联合国）常任理事国
чрезвычайный и полномочный посол 特命全权大使
дипломатический иммунитет 外交豁免
меморандум/памятная записка 备忘录

2 口译实践

听录音请扫二维码

🎧 2.1 对话 Диалог

2.1.1

A: Как вы оцениваете уровень сотрудничества между нашими странами в условиях пандемии коронавируса?

B: Сотрудничество между нашими странами в условиях пандемии в полной мере продемонстрировало высокий уровень и особый характер китайско-российских отношений всеобъемлющего партнерства и стратегического взаимодействия, вступающих в новую эпоху.

A: Появились ли новые моменты в российско-китайских отношениях в экстремальной ситуации?

B: В настоящее время в мире происходят веками невиданные изменения, вызвавшая глобальный хаос пандемия коронавируса нового типа стала ускорителем глубоких перемен в различных аспектах международной обстановки. Но и в условиях пандемии китайско-российские отношения не только не приостановились, но и, наоборот, с новыми возможностями, наши отношения вступили в новую эпоху.

A: Какой опыт следует извлечь из этого?

B: В условиях пандемии мы еще глубже осознали, что вирусы не считаются с государственными границами и национальностями, они – общий враг всего человечества. Высокомерие и предрассудки могут лишь потворствовать углублению проблем, политические манипуляции наносят только вред. Общая угроза, с которой столкнулось человечество, требует неотложного объединения всех стран в общество единой судьбы.

（编选自2020年6月15日张汉晖大使接受俄罗斯国际文传电讯社书面专访内容）

2.1.2

A: Господин Премьер, как вы оцениваете успехи в развитии российско-китайских отношений за минувшие 70 лет?

B: Китай и Россия – крупнейшие соседи друг для друга. За 70 лет мы прошли непростой путь в развитии двусторонних отношений, которые становятся все более зрелыми, устойчивыми и стойкими, находятся на историческом пике.

A: Что можно ожидать от перспективы двусторонних отношений?

B: 70-летие – очередная веха на большом пути к будущему. Убежден, что в новую эпоху китайско-российские отношения всеобъемлющего партнерства и стратегического взаимодействия при общих усилиях двух стран непременно будут подниматься на новые высоты, вносить новый крупный вклад в развитие и возрождение двух стран, в дело процветания и мира во всем мире.

A: Регулярная встреча глав правительств Китая и России – важная платформа планирования практического сотрудничества двух государств. Как она будет способствовать стремительному развитию двустороннего сотрудничества в новую эпоху?

B: В ходе моего предстоящего визита будут подведены итоги сотрудничества, намечены дальнейшие направления с целью поднять на новый уровень сотрудничество в практической сфере. 2020 и 2021 гг. уже объявлены годами научно-технического и инновационного сотрудничества Китая и России. Убеждён, что в новую эпоху при совместных усилиях правительств и деловых кругов двух стран практическое сотрудничество Китая и России достигнет новых плодотворных результатов на благо двух народов.

（编选自2019年9月15日李克强总理接受俄罗斯塔斯社书面采访内容）

2.1.3

A: Вы многократно встречались с Председателем КНР Си Цзиньпином, с позиций руководителей намечали важные планы развития российско-китайских отношений. Какую роль играют встречи между лидерами в развитии двусторонних отношений?

B: Это позволяет наращивать двустороннее сотрудничество по всем направлениям – от политики и торговли до военно-технической и гуманитарной сфер. Разумеется, такой доверительный диалог помогает более эффективно координировать позиции России и Китая по ключевым вопросам международной и региональной повестки, сообща вырабатывать ответы на наиболее актуальные вызовы современности.

A: В этом году отмечается 70-летие установления дипломатических отношений между Китаем и Россией. Как Вы оцениваете уровень отношений между нашими странами и потенциал их дальнейшего развития?

B: Можно без всякого преувеличения сказать, что наши страны подошли к юбилею с лучшими отношениями за всю историю. Это результат кропотливой и успешной работы, которая велась последние тридцать лет. Россия и Китай полностью нормализовали двусторонние связи, вывели их на уровень всеобъемлющего стратегического партнёрства, решили все чувствительные вопросы, включая пограничный. Убеждён, потенциал российско-китайского партнёрства поистине неисчерпаем.

A: Китай и Россия – две крупные современные державы. На Ваш взгляд, как Пекин и Москва смогут лучше оказывать позитивное влияние на решение острых международных проблем и на поддержание равноправного и справедливого мирового порядка?

> B: Российско-китайское внешнеполитическое взаимодействие – это важный стабилизирующий фактор в мировых делах. К сожалению, отдельные государства Запада заявляют претензии на единоличное глобальное лидерство. Мы с такими подходами категорически не согласны. Для оздоровления международной обстановки, формирования более справедливого и демократического мироустройства продолжим тесно координировать шаги России и Китая по актуальным глобальным и региональным вопросам, плодотворно взаимодействовать на таких ведущих многосторонних площадках, как ООН, «Группа двадцати», ШОС, БРИКС, АТЭС.
>
> （编选自2019年4月25日普京总统接受《人民日报》专访内容）

2.2 篇章 Текст

2.2.1 俄译汉

Теперь несколько слов об экономике. Правительство Российской Федерации выделяет 1,2 процента ВВП страны на борьбу с этими кризисными явлениями. Примерно в таком же объёме поддержку оказывает и Центральный банк. Но всем нам, если говорить о «двадцатке» в целом, необходим общий план действий для стабилизации ситуации, поддержки наших экономик и восстановления доверия на мировых рынках.

Ключевую роль в повышении глобального спроса должны сыграть, конечно, национальные бюджеты. Однако из-за сильной волатильности мировых рынков, что мы наблюдаем каждый день, возможности заимствования для многих стран ограничены – и это тоже мы должны учитывать.

Ситуация усложняется. В этой связи очень важно, сейчас вообще крайне важно обеспечить доступ к финансированию для стран, которые испытывают потребности в ресурсах, особенно имею в виду страны, которые затронули эти кризисные явления и пандемии.

В этой связи можно было бы подумать и о создании под эгидой МВФ специального фонда, финансируемого в первую очередь средствами центральных банков – эмитентов валют, входящих в корзину МВФ, а затем предоставить право любому члену МВФ заимствовать средства из данного фонда пропорционально его доле в мировой экономике по нулевой ставке на длительный срок.

Многое сейчас говорилось также и о необходимости обеспечения цепочек поставок. Это, безусловно, важно. Но не менее важно на период кризиса создать так называемые зелёные коридоры, свободные от торговых войн и санкций для взаимных поставок медикаментов, продовольствия, оборудования и технологий.

В идеале мы должны ввести мораторий, солидарный мораторий на ограничение в отношении товаров первой необходимости, а также на финансовые транзакции для их закупок. И прежде всего я сейчас говорю о странах, которые больше других страдают от этой пандемии. В конце концов это вопрос о жизни и смерти людей, это чисто гуманитарный вопрос. Нужно вычистить эти вопросы от всяческой политической шелухи.

Сохраняя традиционное сотрудничество «Двадцатки» по линии министерств финансов, центральных банков и шерп, можно было бы на время кризиса усилить наше взаимодействие на уровне наших экономических советников. Они имеют прямой доступ к лидерам государств и могут оперативно, неформально, достаточно быстро принимать решение.

И в заключение два слова буквально о глобальных международных организациях. Очевидно, что механизма автоматической стабилизации при наступлении кризисных явлений у них нет. И поэтому нужно эффективно и как можно быстрее проработать и закончить все вопросы, связанные с их реорганизацией.

Благодарю вас за внимание.

（摘选自2020年3月26日普京总统在二十国集团领导人特别峰会上的发言）

2.2.2　汉译俄

新时代的中俄关系，要着力深化利益交融，拉紧共同利益纽带。中俄两国都处在国家发展的关键阶段，要携手并肩实现同步振兴。

双方将本着开拓创新、互利共赢精神，继续开展共建"一带一路"同欧亚经济联盟对接，持续推进战略性大项目顺利实施，深入挖掘新兴领域合作潜力，充分发挥地方互补优势。

要不断提升两国合作自身价值和内生动力，构建全方位、深层次、多领域的中俄互利合作新格局，实现更紧密的利益融合，让两国人民共享中俄合作成果。

新时代的中俄关系，要大力促进民心相通，夯实世代友好的民意基础。70年来，无论两国关系经历何种变化，人民的友谊始终坚如磐石。

今年，两国主流媒体举办了庆祝建交70周年跨国互动活动，吸引了两国亿万民众积极参与。

刚才，我和普京总统一道出席了莫斯科动物园熊猫馆开馆仪式，大熊猫"丁丁"和"如意"落户莫斯科动物园，相信将为俄罗斯人民特别是小朋友们带来欢乐，成为中俄两国人民友谊的又一佳话。

下一步，我们要在教育、文化、体育、旅游、媒体、青年等领域举办更多人民广泛参与、喜闻乐见的活动，鼓励两国社会各界、各地方加强交流互鉴，促进理念沟通、文化融通、民心相通，共同传递中俄世代友好的接力棒。

新时代的中俄关系，要更加担当有为，携手维护世界和平稳定。

面对复杂变化的国际形势，中俄作为世界大国和联合国安理会常任理事国，将继续秉持公平正义，坚持责任道义，体现担当仗义，同国际社会一道，坚定维护以联合国为核心的国际体系，坚定维护以联合国宪章宗旨和原则为基础的国际秩序，推动世界多极化和国际关系民主化，共同建设更加繁荣稳定、公平公正的世界，携手构建新型国际关系和人类命运共同体。

（摘选自2019年6月5日习近平在中俄建交70周年纪念大会上的讲话）

3 课文注释

时政外交类的翻译活动主要使用外交语言，不可出现过多的口语词汇和结构，交谈十分注重礼节。在涉及原则性问题时，需要注意用词的分寸，作为翻译首先要确认翻译对象的身份以及场合要求，对交流主题内容以及背景事先进行充分的准备，如果是已经举办几届的会议或外交活动，可以去参考历届举办的情况，向主办方收集更多的资料，在此基础上做好主题和词汇的准备。在翻译时要注意衣着得体，切忌用过多的手势动作和过分抑扬顿挫的语音语调，口译时间应掌握在发言人讲话时间的四分之三。涉及政治外交问题或者新闻发布会，译者要注意的是媒体的"三不许"原则：不允许侵犯我国主权；不允许攻击我国社会制度、制造舆论，混淆黑白；不允许攻击我党、政府和领导人。应时刻谨记自身身份，以维护国家的根本利益为前提。

1）**"一带一路"倡议**常译为 Инициатива «Один пояс и один путь», 另有说法为 «Пояс и путь», «Один пояс, один путь», 其中, "一带"为"丝绸之路经济带"（Экономический пояс Шелкового пути）, "一路"为"21世纪海上丝绸之路"（Морской Шелковый путь XXI века）。

2）**Китайско-российские отношения всеобъемлющего партнерства и стратегического взаимодействия достигли беспрецедентного уровня развития.** 中俄全面战略协作伙伴关系处于历史最好时期。

2019年6月5日至7日，国家主席习近平应俄罗斯总统普京邀请，对俄罗斯进行国事访问（государственный визит）并出席第23届圣彼得堡国际经济论坛（23-й Петербургский международный экономический форум）。2019年6月5日，中俄元首决定将两国关系提升为"新时代中俄全面战略协作伙伴关系"（китайско-российские отношения всеобъемлющего партнерства и стратегического взаимодействия, вступающие в новую эпоху）。中国国家主席习近平还同俄罗斯联邦总统普京签署了《中华人民共和国和俄罗斯联邦关于发展新时代全面战略协作伙伴关系的联合声明》（Совместное заявление Российской Федерации и Китайской Народной Республики о развитии отношений всеобъемлющего партнерства и стратегического взаимодействия, вступающих в новую эпоху）和《中华人民共和国和俄罗斯联邦关于加强当代全球战略稳定的联合声明》（Совместное заявление Российской Федерации и Китайской Народной Республики об укреплении глобальной стратегической стабильности в современную эпоху）。

3）**自2006年以来，中俄两国已相继成功举办了一系列主题年活动**，包括"国家年""语言年""旅游年""青年年""媒体年"和"地方合作交流年"等等，具体为：

2006年的"中国俄罗斯年" Год России в Китае

2007年的"俄罗斯中国年" Год Китая в России

2009年的"中国俄语年" Год русского языка в Китае

2010年的"俄罗斯汉语年" Год китайского языка в России

2012年的"中国俄罗斯旅游年" Год российского туризма в Китае

2013年的"俄罗斯中国旅游年"Год китайского туризма в России

2014—2015年的"中俄青年友好交流年"Годы дружественных молодежных обменов между Китаем и Россией

2016—2017年的"中俄媒体交流年"Годы обменов между китайскими и российскими СМИ

2018—2019年的"中俄地方合作交流年"Годы регионального сотрудничества и обменов Китая и России，或Годы межрегионального сотрудничества/ обменов Китая и России

2020—2021年"中俄科技创新年"Годы российско-китайского научно-технического и инновационного сотрудничества

4）时政外交主题中常会用到以下几个动词，需要从意义和搭配上予以区分：

стимулировать что 刺激，激励，如：стимулировать промышленную и технологическую кооперацию 刺激工业和技术合作

содействовать чему 促进，如：содействовать миру, стабильности, развитию и процветанию всего мира 促进世界和平稳定和发展繁荣

продвигать что 推动，推进，如：продвигать крупные стратегические проекты 推进战略大项目实施

активизировать что 加强，带动，如：активизировать сопряжения стратегий 加强战略对接

расширять что 扩大，如：расширять сотрудничество 扩大合作

углублять что 深化，如：углублять сотрудничество 深化合作

укреплять что 巩固，如：укреплять дружбу 巩固友谊

5）在时政外交这个主题下，译者需掌握常见的一些国际组织或专业领域的缩写和简称，应根据主题的不同进行相应的译前词库准备，如"Всемирная организация здравоохранения"（ВОЗ）世界卫生组织，"валовой внутренний продукт"（ВВП）国内生产总值（GDP），ЕАЭС（Евразийский экономический союз）欧亚经济联盟，"центральный банк"（ЦБ）中央银行，"Международный валютный фонд"（МВФ）国际货币基金组织等等。

6）在涉及新闻发布会或外交访谈的口译时，常见以下词汇：进行采访（взять интервью у кого），采访资格（аккредитация），驻外记者（аккредитованный за границей корреспондент）, 特约评论员（особо приглашенный комментатор）, 权威人士（авторитетные лица）, 非正式谈话（неофициальная беседа）, 花絮（репортерские заметки）, 独家新闻（эксклюзивная новость）, 记者证（пресс-карточка）, 同时需注意，在发布会进行提问时要注意使用正式的语体，常用的问题句式如："Каково Ваше мнение по этому поводу?"（对此，您有什么看法？），"Нельзя ли сказать несколько слов о перспективах?"（您能否谈一下……的前景？），"Не могли бы Вы прояснять эту ситуацию?"（您能否说明这个情况？）"Разделяете ли Вы эту точку зрения?"（您同意这个观点吗？）。

7）一些国家领导人的职务名称在口译时需引起注意，如"премьер правительства"通常是翻译为"政府总理"，但是如果是在描述日本、英国等国家时，就应当口译为"首相"，同样的"министр МИД"，在日本叫做"外相"。还需注意"阁下""殿下"等词的用法，在称呼"总统先生阁下和夫人"时翻译为"Ваше превосходительство, господин президент и госпожа"，在称呼"国王和王后陛下"时翻译为"Ваше величество, король и королева"。除了职务名称以外，人名和地名的翻译也需要特别关注，尤其在涉及多语种翻译的时候，如日本人的名字在翻译为俄语时是译音，而翻译成汉语时是借形，如"松岛"翻译为俄语为"Мацусима"，我们在回译为中文时则不能翻译为"马楚西马"，而应遵循"名从主人"的原则，将其翻译为"松岛"。

8）在外事翻译时，时常会遇到发言人引经据典的情况，译者需要对常见的典故和文化知识做提前的了解，在表达时可以说："Китайская мудрость гласит…"（中国有一句至理名言……）。

9）在本课对话中，出现用北京和莫斯科来代指两个国家这样的用法，用首都来代指国家是新闻和外交辞令中常见的表达方式，可以避免语义的重复，译者当注意翻译时的选词。

10）在描述中国部委领导时要注意，不需重复"**министерство**（部）"这一词，如"中国商务部部长"（министр коммерции КНР），同理"外交部部长"（министр иностранных дел）。

4 口译实操

听录音请扫二维码

4.1 听译

听下列句子,将其直接口译为目的语(5句俄译汉,5句汉译俄)。

_____

_____

_____

_____

4.2 影子练习(笔记法练习)

听下面的一段话,边听边进行影子训练,并在听完之后用目标语概括其关键信息和大意(亦可作为笔记法练习的语料)。

_____

_____

_____

_____

4.3 视译练习

(看下列段落,将其直接口译为中文。)

Столкнувшись со вспышкой COVID-19, которая застала нас всех врасплох, китайское правительство и китайский народ не утратили силу духа, когда взялись за эту колоссальную задачу. С самого первого дня нашей борьбы с эпидемией мы ставим жизнь и здоровье людей на первое место. Мы действуем в соответствии с общепризнанными принципами, которые заключаются в укреплении доверия, усилении единства, обеспечении научно обоснованного контроля и лечения, а также применении целенаправленных мер. Мы мобилизовали всю нацию, создали механизмы коллективного контроля и лечения, действовали открыто и прозрачно. То, за что мы боролись, было народной войной против вспышки эпидемии. Мы вступили в ожесточенную борьбу и понесли огромные жертвы. Сейчас ситуация в Китае устойчиво развивается в положительном направлении. Жизнь и работа стремительно возвращаются к нормальному режиму. Тем не менее, мы ни в коем случае не потеряем нашу бдительность и не ослабим контроль.

В самое трудное время в нашей борьбе со вспышкой эпидемии Китай получил поддержку и помощь от многих участников мирового сообщества. Такие проявления дружбы навсегда останутся в памяти и будут вызывать трепет у китайского народа.

Серьезное инфекционное заболевание является всеобщим врагом. Пока мы говорим, вирус COVID-19 распространяется по всему миру, создавая огромную угрозу для жизни и здоровья, а также порождая серьезные проблемы для глобальной безопасности в области общественного здравоохранения. Ситуация вызывает тревогу и обеспокоенность. В такой момент международному сообществу необходимо укреплять веру в собственные силы, проявлять единство и работать сообща, чтобы дать коллективный отпор. Мы должны всесторонне активизировать международное сотрудничество и обеспечить большую согласованность, чтобы человечество как единое целое могло одержать победу в битве с таким серьезным инфекционным заболеванием.

（摘选自2020年3月26日习近平在二十国集团领导人特别峰会上的发言）

4.4 情境模拟（学生分角色进行翻译实景演练）

A: Китай является крупнейшим торговым партнером России. На какой объем товарооборота с Россией рассчитывает выйти Китай в этом году?

B: 2018年，双边贸易额突破1000亿美元，创历史新高。两国政府部门正采取更加积极的措施，争取将双边贸易额提升到更高水平，推动双边贸易高质量发展。

A: Какие проекты в рамках двустороннего торгово-экономического сотрудничества кажутся вам наиболее перспективными?

B: 目前，中俄两国能源、交通、农业、航空航天等领域重大合作项目正稳步实施，中俄原油管道及其复线顺利运营，中俄东线天然气管道即将建成供气，卫星导航系统合作成果显著。可以说，在双方共同努力下，中俄经贸合作已经步入发展的快车道，前景可期。

A: Какие проблемы вы видите в двустороннем торгово-экономическом сотрудничестве?

B: 我想强调，这些问题是伴随两国合作不断推进、相互融合日益深入而产生的。有效解决问题的途径就是创新思路，多措并举，不断拓展合作领域，深挖合作潜力，做大双方共同利益"蛋糕"，促进中俄经贸合作提质增量，迈上更高台阶。

（编选自2019年6月4日习近平主席接受俄罗斯主流媒体联合采访内容）

4.5 自由练习

1) Выберите последнее выступление о китайско-российских отношениях на китайском или русском языке, переведите его на русский или китайский язык.

第六课 会展活动

1 词汇准备

коммерческий директор 商务主管
визитная карточка（визитка）名片
рекламный материал 宣传资料
упаковочное оборудование 包装设备
международный стандарт 国际标准
характеристика 性能，特点
технический директор 技术主管
корпорация 集团
контора 办事处，办公室
приступить к делу 着手工作
бытовая техника 家电
политика реформ и открытости 改革开放政策
установить деловые связи 建立商务联系
инвалюта 外汇
экспорт 出口
импорт 进口
в дефиците 短缺
закупить 采购，购买
объем продаж 购买量
условие поставки 供货条件
предоплата 预付款

форма расчета 结算方式
под патронатом кого 在……的关怀和指导下
под эгидой кого-чего 在……的庇护下
выставка 展览会，博览会
ярмарка 交易会，展销会，博览会
совет директоров 董事会
учредитель 建立者
выставочный павильон 展厅
демонстрационная площадка 展区
экспонат 展品
выставочный стенд 展览架台
выставочная витрина 展览橱窗
многофункциональный 多功能的
преобразование 变革
торговый обмен 贸易往来
барометр 晴雨表
флюгер 风向标
ракурс 缩影
Не трогать руками! 请勿动手
Не облокачиваться！请勿倚靠
церемония разрезания ленты 剪彩仪式

2 口译实践

2.1 对话 Диалог

听录音请扫二维码

2.1.1

Пётр: Добрый день. Я работаю коммерческим директором в одной фирме из Новосибирска. Вот моя визитная карточка.

Ван: Вы ознакомились с нашими рекламными материалами?

Пётр: Да. Ваш коллега мне дал их.

Ван: Вас интересует наша новая продукция?

Пётр: Да. Я ищу новое упаковочное оборудование для нашего завода. Мне нужно решить, какое оборудование закупить.

Ван: Наше оборудование неплохой выбор. Оно соответствует наивысшему техническому уровню и отвечает строгим требованиям международных стандартов.

Пётр: Я видел много подобного оборудования на этой выставке. В чем заключаются преимущества вашей продукции?

Ван: В этом году мы сделали обновление и улучшение нашего оборудования, при этом цена приемлемая. Вон там наш технический директор, я попрошу его подробно Вам рассказать о характеристиках нашей техники.

Пётр: Хорошо. Спасибо.

2.1.2

Ван: Разрешите вам представить: Это директор нашей корпорации Чэнь. А это начальник управления внешней торговли Лю, директор конторы по внешним делам Ван, начальник торгового отдела Чжоу.

Пётр: Здравствуйте, Очень рад видеть вас.

Ван: Проходите, пожалуйста, присаживайтесь. Что вы хотите? Чай или кофе?

Пётр:	Можно кофе, без сахара, пожалуйста.
Ван:	Пожалуйста.
Пётр:	Спасибо.
Ван:	Итак, давайте приступим к делу. Прежде всего позвольте мне кратко познакомить вас с нашей корпорацией по импорту и экспорту бытовой техники. Наша компания создана в середине 80-х годов. За последние годы благодаря политике открытости наш бизнес получил стремительное развитие. В настоящее время мы установили деловые связи и контакты более чем с 500 компаниями из 70 с лишним стран и регионов мира. Общая сумма инвалюты от импорта и экспорта компании в этом году составила 150 миллионов американских долларов.
Пётр:	Какую продукцию вы производите?
Ван:	Главная продукция компании: телевизоры, холодильники, пылесосы, посудомоечные машины, стиральные машины, кондиционеры, кофеварки – всего более 20 видов и 200 с лишним наименований.

2.1.3

Пётр:	Цель нашего приезда – закупить партию домашних электроприборов. Поэтому мы настраиваемся на вашу продукцию. И мы хотим посмотреть образцы.
Ван:	Пожалуйста, подойдите сюда. Здесь вы видите последние образцы. Наши домашние электроприборы высококачественные. За качество они получили много призов. Многие иностранные компании сотрудничают с нами и являются нашими постоянными партнёрами.
Пётр:	Это нас устраивает. Все эти товары сейчас у нас в дефиците. Нам очень нужны такие товары. Мы хотим закупить кондиционеры

	такого типа. Какова их цена?
Ван:	Сколько вы хотите закупить?
Пётр:	Нам нужно 500 штук.
Ван:	Тогда 500 долларов за один кондиционер.
Пётр:	А когда вы сможете поставить нам товар?
Ван:	В конце этого года.
Пётр:	Цена довольно высокая, мы знакомы с продукцией и ценами ваших конкурентов и заметили , что у них цены ниже.
Ван:	Дело в том, что вы просите у нас всего 500 штук. На такое количество мы уже предложили вам скидку в размере 5%. И это с учётом, что развитие сотрудничества между нами расширится и получит большой потенциал. Обычно при таком объёме продаж нет скидки. Десятипроцентную скидку мы вам сможем дать, если вы у нас закупите 1000 штук. Но больше не можем уступить.
Пётр:	Хорошо. Потом мы можем подробнее обсудить такие вопросы, как цена, условие поставки, предоплата, форма расчёта и т.д. Не могли бы вы подготовить нам более конкретный проект контракта и соглашения, чтобы облегчить наши переговоры?
Ван:	Конечно, можно. Проект мы принесём на следующую встречу.
Пётр:	Спасибо. Надеюсь, что наше сотрудничество будет успешным.
Ван:	Обязательно.

2.2 篇章 Текст

2.2.1 俄译汉

«Экспоцентр» – всемирно известная российская выставочно-конгрессная компания, ведущий организатор крупнейших международных отраслевых выставок в России, СНГ и Восточной Европе с 60-летним опытом работы.

Выставочные проекты «Экспоцентра» имеют поддержку федеральных органов исполнительной власти, национальных отраслевых ассоциаций, проводятся под патронатом Торгово-промышленной палаты Российской Федерации.

Ежегодно в Центральном выставочном комплексе «Экспоцентр» проводится более 100 международных выставок, которые посещают более миллиона специалистов, проходит свыше 1000 конгрессных мероприятий. В выставках «Экспоцентра» участвуют около 30 тыс. компаний более чем из 100 стран мира.

Центральный выставочный комплекс «Экспоцентр» располагает 9 выставочными павильонами с самым современным инженерно-техническим оснащением, а также 39 удобными многофункциональными залами для проведения конгрессов, пресс-конференций, симпозиумов и семинаров. Общая выставочная площадь ЦВК «Экспоцентр» – 165 тыс. кв. м, в том числе закрытая – 105 тыс. кв. м, открытая – 60 тыс. кв. м.

2.2.2 汉译俄

中国进出口商品交易会，又称广交会，创办于1957年春，每年春秋两季在广州举办，由商务部和广东省人民政府联合主办，中国对外贸易中心承办，是中国目前历史最长、规模最大、商品种类最全、到会采购商最多且分布国别地区最广、成交效果最好、信誉最佳的综合性国际贸易盛会。

广交会历经60年改革创新发展，经受各种严峻考验从未中断，加强了中国和世界的贸易往来，展示了中国形象和发展成就，是中国企业开拓国际市场的优质平台，是贯彻实施我国外贸发展战略的引导示范基地。它已成为中国外贸第一促进平台，被誉为中国外贸的晴雨表和风向标，是中国对外开放的窗口、缩影和标志。

截至第119届，广交会累计出口成交约1.2万亿美元，累计到会境外采购商约764万人。目前，每届广交会展览规模达118.5万平方米，境内外参展企业近2.4万家。

3 课文注释

展会翻译也是口译员最早会接触到的一种口译形式，此时的译者不仅仅要完成基本的语言转换任务，更是要代表受雇方的利益，代表企业的形象，因此在翻译之前应当对公司的产品及基本情况进行了解，在展会中既作翻译员，也作讲解员。展会翻译员在与咨询者沟通过程中，对于意向比较高的咨询者，要及时精确记录其姓名、单位、联系方式、意向产品等信息，以便于企业后期进行销售盯梢。译者在展会时有可能碰到部分想要合作的商家给翻译礼品让其帮助劝说外宾或盗取其他商家资料的情况，这种情况下译者要遵守职业道德，不能泄漏商业机密，本着公允为受雇方服务的态度积极正面地完成翻译任务。

1）"ярмарка"和"выставка"区别

ярмарка（展览会，展销会，博览会）和"выставка"（展览会）虽都有展览会之意，但在含义上也有细微差别。"ярмарка"上主要展示商品和服务样品，主要目的在于向消费者展示其产品、自我宣传和签订合同。参展商参加"ярмарка"的最大目的在于签订大额合同和寻求批量销售己方产品的机会。"выставка"侧重于展示企业成就。除商业目的外，"выставка"期间还可以进行讨论、交流经验和寻找新思路。"выставка"常有固定的主题，其目的在于展示成就、建立新的联系、向业界宣示自己的存在，以期未来建立长期互利的关系。

2）展会上常用到以下术语

为参加展会，参展商（участник выставки, экспонент）需阅读参展指南（руководство участника），向组织方（выставочный организатор/ выставочный оператор）提交参展申请（заявка на участие в выставке），签订参展协议（договор на участие）。展会通常提供展会目录（каталог выставки），包含参展商名录（список участников）及其联系方式（контактная информация）、展位号（номер стенда）等信息。

展会信息还涉及展会主题（тематика выставки），展会日程（программа выставки），展会平面图（展位分布图）（план выставки）等。

展览场地（выставочная площадь），包括室内场地（оборудованная <закрытая> выставочная），露天场地（площадь/открытая выставочная площадь）。另有展览中心（выставочный комплекс или выставочный центр），展览馆（павильон），展位（стенд）。

参展商展位上通常会提供企业相关宣传手册（брошюрка）、名片（визитка/визитная карточка）等。

3）"скидка"折扣

получить/ приобрести скидку 获得折扣

предложить/ дать/сделать（кому）скидку в размере ...% 向……提供百分之……的折扣

приличная/серьезная/ солидная скидка 大折扣

4）观展人员和参展商之间有意进行进一步联系时通常会交换名片（或联系方式）обменяться визитками/ контактами，例如：

我们来交换一下名片吧！我把询盘发到您的邮箱。

Давайте обменяемся визитками! Я вам отправлю запрос по почте.

5）展会上时常出现的一些标语。如："笑迎天下客，友谊传四海！"（Улыбку - гостям со всех концов мира, дружбу - народам всех континентов！）

6）在口译时如果遇到"作为"的翻译，可以将其翻译为"как, в качестве, будучи"，如"作为友好邻邦和战略伙伴"，我们可以翻译为"в качестве дружественного соседа и стратегического партнера"，"будучи добрым соседом и стратегическим партнером"，"как дружественный сосед и стратегический партнер"。这里要注意的是，基于口译的实用经济原则，如果能够以不变格的形式表达出同样的意思，这会一定程度上减少译者的负担，因此，选择"как"在口译中更加适合。

7）展会翻译时要了解主办方和承办方。如：（展会）由商务部和广东省人民政府联合主办，中国对外贸易中心承办。

（Ярмарка）организовывается центром внешней торговле Китая под руководством министерства торговли и народного правительства провинции Гуандун.

8）展会口译时也要掌握一些官话和套话的说法。如：（展会）被誉为中国外贸的晴雨表和风向标，是中国对外开放的窗口、缩影和标志。

（Ярмарка）стала первой платформой для содействия внешней торговли Китая, является барометром и флюгером внешней торговли Китая, окном для расширения внешних связей Китая, ракурсом и символом.

9）在展位上开始洽谈前，参展人员往往会首先表明来意，如：

Я представляю（какую-то）компанию. 我代表某公司。

Мы ищем...（товар）我们在寻找某商品。

Нас интересует（что）/ Мы интересуемся（чем）我们对……感兴趣

4　口译实操

4.1　听译

听下列句子，将其直接口译为目的语（5句俄译汉，5句汉译俄）。

听录音请扫二维码

4.2　影子练习（笔记法练习）

听下面的一段话，边听边进行影子训练，并在听完之后用目标语概括其关键信息和大意（亦可作为笔记法练习的语料）。

4.3　视译练习

（看下列段落，将其直接口译为中文。）

Харбинская международная торгово-экономическая ярмарка была создана в 1990 г. и с момента своего создания она успешно проводилась уже 29 раз. В 2014 г. на основе ярмарки было создано Российско-Китайское ЭКСПО (далее ЭКСПО), которое успешно проводилось 5 раз подряд. ЭКСПО является международным крупномасштабным мероприятием, которое совместно проводят правительства Китая и России. Организаторами выступают Министерство коммерции КНР, Народное правительство провинции Хэйлунцзян, Министерство экономического развития и Министерство промышленности и торговли Российской Федерации. ЭКСПО успешно получило знак «UFI Approved Event».

Согласно совместному коммюнике 23-й очередной встречи премьер-министров Китая и России, с 15 по 19 июня 2019 года в г. Харбине в Харбинском международном конгресс-выставочном и спортивном центре пройдет 6-ое Российско-Китайское ЭКСПО. Тема ЭКСПО - «Межрегиональное сотрудничество между Китаем и Россией: возможность, потенциал и будущее». Общая выставочная площадь ЭКСПО составляет 86 тысяч кв.м. На данный момент предварительно определены следующие зоны: Павильон импортных товаров и товаров из Гонконга, Макао и Тайваня, Павильон сотрудничества между Россией и Китаем, Павильон электромеханического оборудования, Зона крупногабаритного оборудования и т.д. Экспозиции включают достижения проектов в ключевых областях китайско-российского сотрудничества, таких как минеральные ресурсы, современное сельское хозяйство, производство оборудования, аэрокосмическая промышленность, трансграничная электронная коммерция, индустрия культуры и т.д. В рамках ЭКСПО пройдут деловые мероприятия и торгово-экономические обмены между местными правительствами и регионами Китая и России, в частности Церемония открытия Павильона России, 2-й Китайско-Российский форум по местному сотрудничеству, Российско-Китайская конференция по сотрудничеству в горной промышленности, биржи контактов, презентации и т.д.

4.4 情境模拟（学生分角色进行翻译实景演练）

Александр:	Добрый день, я работаю коммерческим директором российской компании «Северное сияние». Вот моя визитная карточка.
李:	您了解我们的宣传材料吗？
Александр:	Да, Ваш служащий мне их дал.
李:	您对我们新的工艺设备感兴趣吗？
Александр:	Да. Мы ищем новое оборудование для нашего завода в Москве. Нам нужно решить, какое оборудование закупить.
李:	我们的设备是一个不错的选择，它符合最高的技术水平并且符合国际标准的严格要求。
Александр:	На этой выставке я видел много подобных систем. Но ваше оборудование превосходит их по своим характеристикам.
李:	谢谢，如果您有与我们设备结构有关的问题，可以和我们的顾问讨论，他就在那儿。

4.5 自由练习

1) На китайской международной импортной ЭКСПО китайский экспортер расспрашивает сотрудников на стенде российского экспортного центра об импорте российских товаров в Китай.

第七课　商务谈判

1 词汇准备

условие платежа 付款条件
условие поставки 供货条件
время отгрузки 发货时间
предложение 报价
подтвердить 确认
ежемесячно 每月
понадобиться в чем 需要
устроить кого 适合某人
приспособление 固定装置
усовершенствовать 改进，改善，改良，提高
техническое усовершенствование 技术改进
конкурент 竞争者
вычет 扣除，扣款
деловые отношения 商务联系
разместить заказ 下订单
приемлемый 可以接受的，可行的
возражение 反对
дилер 经销商
при наших усилиях 在我们的努力之下
объем сбыта 销售额

эксклюзивный агент 独家代理
потенциал 潜力
локальный рынок 本地市场
продвижение продукта 产品推广
эксклюзивное агентское соглашение 独家代理协议
маркетинговая поддержка 市场支持
любезный 客气的
приложение 附件
спецификация 明细表
примечание 备注，附注
компенсационная торговля 补偿贸易
прийти к соглашению 达成协议
разногласие 分歧
расписаться 签字
экземпляр 份
конструктивный подход 建设性态度
сдерживать 遏止，制止
запрос 询盘
прайс 价格
в индивидуальном порядке 个别地
инициатор 倡导者，发起人

117

рекламация 索赔

комплект 套

форс - мажор 不可抗力

девальвация рублей 卢布贬值

сфера деятельности 经营范围

2 口译实践

2.1 对话 Диалог

2.1.1

Ли: Господин Сизов, сколько фрезерных станков вы собираетесь купить в этот раз?

Сизов: Это, господин Ли, зависит от цены и условий платежа и поставки.

Ли: Что касается времени отгрузки, первые десять станков мы могли бы поставить в течение шести месяцев, а затем по десять станков каждый месяц.

Сизов: Не могли бы вы ускорить поставку?

Ли: Очень трудно, ведь мы зависим от наших поставщиков электрооборудования.

Сизов: Но первые станки нам понадобятся через три месяца, а потом — ежемесячно.

Ли: Понятно, напишу в свою компанию по почте и дам вам ответ через день или два.

Сизов: Отлично. Теперь о цене. Меня удивляет, что она намного выше, чем была.

Ли: Господин Сизов, это потому что приспособления были усовершенствованы и применена практически новая конструкция.

Сизов: Не можем согласиться, тем более сейчас мы заказываем в пять раз больше.

Ли: Вот поэтому мы не очень сильно увеличили старую цену, несмотря на рост стоимости материалов.

Сизов: Но в предложениях от ваших конкурентов не упоминается об этом.

Ли:	Я разберусь в этом деле и скажу вам завтра, какую цену мы могли бы сделать.
Сизов:	Хорошо, давайте обсудим остальные вопросы завтра, если вы не возражаете.
Ли:	Никаких возражений. Увидимся завтра, господин Сизов.
Сизов:	До завтра, господин Ли.

2.1.2

Ли:	Господин Попов, я давно ожидал встречи с вами в Пекине.
Попов:	Я тоже. Очень рад, что сейчас вы - самый крупный дилер нашего продукта в Азии.
Ли:	Это благодаря нашему взаимному доверию и тесному сотрудничеству.
Попов:	Я знаю, что вы собираетесь стать нашим эксклюзивным агентом в Китае.
Ли:	Да. А как вы думаете?
Попов:	Мы это поддерживаем. Но основной объем сбыта приходится в основном на Пекин.
Ли:	Да. Но наши представительства также открываются в Пекине, Шанхае и Чэнду, чтобы постепенно завоевать китайский рынок.
Попов:	Конечно, мы видели вашу работу в других районах Китая.
Ли:	К тому же согласно нашему исследованию, в городах, где большая часть людей имеет высокие доходы, больше всего интересуются вашими продуктами.
Попов:	Мы знаем, что благодаря численности населения китайский рынок имеет большой потенциал. Это значит, что вам еще много предстоит сделать.
Ли:	Вы правы. И наше сильное оружие – опыт сбыта вашего продукта в Пекине.
Попов:	Я с вами согласен. Однако чтобы стать эксклюзивным агентом, ваши заказы должны быть достаточно большими.

Ли:	Мы вам подготовим подробный план. Уверяю вас, что если мы станем вашим агентом в Китае, наш объем сбыта станет в два раза больше.
Попов:	Отлично. Надеюсь, что ваш объем сбыта увеличится стремительно.
Ли:	Если вы сможете оказать нам сильную техническую и маркетинговую поддержку, мы вас не разочаруем.

2.1.3

Ли:	Сегодня мы приехали сюда, чтобы преодолеть разногласие и подписать контракт.
Попов:	Да. В последние дни мы вместе обсуждали каждую деталь контракта.
Ли:	Мы считаем, что все вопросы уже решены удовлетворительно.
Попов:	Очень рады, что нашли решение, приемлемое для обеих сторон. Однако остался еще маленький вопрос, который нуждается в дальнейшем обсуждении.
Ли:	Какой именно?
Попов:	В Приложении №3 «Спецификации товаров», некоторые товары не соответствуют нашим требованиям. Мы просим заменять их другими товарами.
Ли:	Не проблема. Мы согласны принципиально.
Попов:	Отлично. Теперь можно подписать контракт.
Ли:	Вы хотите подписать сегодняшним числом?
Попов:	Можно. И номер контракта – 93CA001, пожалуйста.
Ли:	Прекрасно!
Попов:	Распишитесь, пожалуйста, на каждом экземпляре. Сколько экземпляров вам нужно?
Ли:	Нам нужно три экземпляра контракта— оригинал и две копии.
Попов:	Мы обязательно подготовим. Позвольте поздравить вас с подписанием такого крупного контракта.

Ли:	И вас тоже. Надеемся на долгосрочное сотрудничество с вами.
Попов:	Мы глубоко уверены, что мы с вами станем хорошими, надёжными, верными партнёрами в сотрудничестве.

2.2 篇章 Текст

2.2.1 俄译汉

Как найти инвестора?

Фирмы и отдельные предприниматели могут обращаться в комитеты по международным экономическим связям, которые образованы в городских или областных администрациях. Если проект покажется перспективным и полезным. Чиновники комитета помогут установить контакты с соответствующими иностранными фирмами, банками и заинтересовать их. В крупных фирмах этим могут заниматься отделы маркетинга. Мелкие предприниматели, если они инициативны, имеют возможность самостоятельно искать потенциальных инвесторов, например через Интернет или в специальных изданиях для деловых людей. Конечно, используются личные связи, зарубежные командировки. Кроме того, нужную информацию можно получить в иностранных бизнес-центрах, которые имеются в крупных российских городах, например, в Американском деловом центре, Немецком доме в Петербурге и др. Соответствующие отделы существуют в консульствах иностранных государств.

2.2.2 汉译俄

尊敬的女士们、先生们，请允许我向您介绍中方代表团的团长——周云生先生。周先生，多亏您的支持才有了今日的会面，我谨代表俄方与会人员向您表达诚挚的谢意。

尊敬的同事们，现在，请允许我向您介绍今天参加谈判的俄方代表。

塔吉亚娜·彼得罗夫娜·伊万诺娃女士，这是俄方今天参加谈判人员中唯一的女性。塔吉亚娜·彼得罗夫娜是我单位国际青年关系处的处长。可以期待，我们的未来掌握在可靠的人手中。

有幸向您介绍今天会晤的发起人之一，我方立法机关的代表尤里·米哈伊洛维奇·安德烈耶夫先生，他是我们州杜马农业委员会的主席。

谢尔盖·亚利山大维奇·梅德韦杰夫先生，"伏尔加河菜园"有限公司的总经理，他是伏尔加河下游主要的蔬菜生产商。他对与中方同事建立商务联系表现出了极大的关心。在我看来，他对我们的外国伙伴们有许多富有前景的商务建议。

3 课文注释

商务谈判的翻译是涉外经贸活动的重要环节，一般会涉及具体的行业知识领域，因此相应的技术和专业术语应当了然于心，同时注意日常数字口译的训练，谈判过程中不可避免会出现大量的参数以及价格等方面的数字翻译。作为商务谈判的口译人员，首先要明白商务谈判最重要的目的是盈利，往往双方都会携带自己的翻译，那么译者在这种情况下就不仅仅是一名译者，同时也是聘请方的合作人员，需要协助商家取得谈判的成功，维护本方利益，因此在翻译过程中，要时刻保持高度注意力，避免因文化冲突以及利益冲突而引起的误解和矛盾，发生纠纷时也要时刻保持冷静，不能一味追求忠实于原语，当谈判一方冲动说出不理智的话语时，译者应当起到调停、缓冲的作用，促进双方交流合作的正常开展。

1）开始正式的商务谈判前，双方通常会进行邮件沟通，沟通过程中涉及一系列文件，如询盘（запрос）、复询盘（ответ на запрос）、报价（предложение）、请求（просьба）、确认（подтверждение）、索赔（претензия）、保函（гарантийное письмо）、提醒（напоминание）、通知（извещение）等。

2）付款条件（условия платежа）

商务谈判中十分重要的一项就是关于付款条件的讨论，关于付款条件有以下常用表达：

电汇（T/T）почтовый/ банковский перевод

预付款 авансовый платеж, предоплата

信用证（L/C）аккредитив（保兑的不可撤销的 подтвержденный безотзывный, 不保兑不可撤销的 неподтвержденный безотзывный）

付款交单（D/P）документы против платежа

跟单托收 документарное инкассо, тратты

即期汇票 тратта не предъявление

定期汇票 срочная тратта

往来账户 открытый счет

付款期限 срок платежа

分期付款 платить в рассрочку

3）除付款条件外，商务谈判中另一项重要内容就是关于供货条件（**условия поставки**）

常见供货条件有FOB, EXW, CIF, FCA等，根据2000年国际贸易术语解释通则（Инкотермс 2000），以上条款含义如下：

FOB: «Free On Board»（ФОБ, Франко-борт）означает, что продавец выполнил поставку, когда товар перешел через поручни судна （на борт судна）в указанном порту отгрузки. Термин FOB может применяться только при перевозке товара морским или внутренним водным транспортом.

船上交货价或离岸价，指货物在装运港被装上指定船时，即视为卖方完成供货。该术语仅用于海运或内河运输。

EXW: «Ex Works», （Франко завод, Франко склад）означает, что продавец считается выполнившим свои обязанности по поставке, когда он предоставит товар в распоряжение покупателя на своем предприятии или в другом указанном месте （например: на заводе, фабрике, складе, магазине и т.п.）.

工厂交货，指当卖方在其所在地或其他指定的地点（如工场、工厂或仓库）将货物交给买方处置时，即完成交货。

CIF: «Cost, Insurance and Freight»（Стоимость, страхование и фрахт）означает, что продавец выполнил поставку, когда застрахованный им товар перешел через поручни судна （на борт судна）в порту отгрузки и доставлен на зафрахтованном продавцом судне в порт назначения. Термин CIF может применяться только при перевозке товара морским или внутренним водным транспортом.

到岸价，即"成本、保险费加运费"，是指在装运港被装上承运人船舶时即完成交货。该术语仅适用于海运和内河运输。

FCA: «Free Carrier»（Франко перевозчик）означает, что продавец передаст товар, выпущенный в таможенном режиме экспорта, указанному покупателем перевозчику в названном месте.

货交承运人，指卖方只要将货物在指定的地点交给买方指定的承运人，并办理了出口清关手续，即完成交货。

4）本课出现的 "**В связи с этим можно надеяться, что наше будущее в надежных** руках."可以翻译为"因此可以寄望于我们的未来掌握在可靠的人手中"。"Быть в руках"意为"掌握在……手中"，"в надежных руках"直译为在可靠的手中，此处"надежный"指某人可靠，因此译为"在可靠的人手中"。

5）在俄语当中如果表示公司，有多个词与之对应，如"фирма"可以在口语中指称具体的公司名称，"корпорация"一般指跨国公司，尤其是美国的公司，而"компания"是通用词，适用范围更加广泛，俄语中人合公司或带有合伙性质的公司，即无限公司（полное товарищество）和两合公司（товарищество на вере или коммандитное товарищество）。而"общество"通常指合资公司或有限责任公司（общество с ограниченной ответственностью, ООО）和股份公司（акционерное общество, АО）。除此之外还可以用以下词汇来表示公司，如"бизнес"（实业公司），"предприятие"（工厂，公司，企业）。

ЗАО - закрытое акционерное общество 封闭型股份公司

АОЗТ -акционерное общество закрытого типа 封闭型股份公司

ООО- общество с ограниченной ответственностью 有限责任公司

ОАО- открытое акционерное общество 开放型股份公司

АООТ- акционерное общество открытого типа 开放型股份公司

ГП- государственное предприятие 国有企业

ВО - внешнеторговое объединение 外贸联合公司

ФГУП - федеральное государственное унитарное предприятие 联邦国有单一制企业

СП- совместное предприятие 合资企业

АК - акционерная компания 股份公司

6）谈判开始时双方通常首先互相介绍谈判参与人员，涉及一系列职务的表示法，企业中常见职务有：

董事长 председатель

总经理 генеральный директор

秘书 секретарь

财务经理 финансовый директор, или руководитель финансового отдела

技术经理 технический директор

生产经理 директор по производству и выпуску продукции

总工程师 главный инженер

人事部经理 руководитель кадрового отдела

总会计师 главный бухгалтер

贸易部经理 руководитель отдела торговли

采购部经理 руководитель отдела закупок

社会关系部经理 руководитель отдела по связям с общественностью

销售经理 менеджер по продажам

7）商贸谈判，尤其是对外贸易谈判，经常会就一系列文件进行商谈，除合同或协议（**контракт, договор, соглашение**）外，还涉及一系列外贸单据，如：

商业发票 инвойс

形式发票 счет фактура

装箱单 упаковочный лист

原产地证书 сертификат происхождения

运单、提单 коносамент（多指海运）或 накладная（多指陆运）

品质证书 сертификат качества

货物明细表 спецификация товаров

8）俄语中关于"产品"的表达，如"изделие"，表示"制品，成品，产品"，如 текстильные изделия（丝织品），хлопчатобумажные изделия（棉织品），шерстяные изделия（丝织品），трикотажные изделия（针织品）；如"продукты，"表示"产品，多指食品，原材料"，如 продукты животноводства（畜产品），масличные и продовольственные（奶制品和食品），особые местного производства（地方特产）。

9）商务谈判的结果是通过双方协商一致的协议或合同来体现的，因此，积累一定的关于合同的表达，也有助于更好地完成商务谈判翻译，常见的与合同搭配的词组如：

购销合同 договор купли-продажи

补充协议 дополнительное соглашение

附件 приложение

条款（合同）статья, пункт, положение

订立合同 заключить договор

签署合同 подписать договор

合同草案 проект договора

违反合同 нарушать договор

修改合同 внести изменение в договор

4 口译实操

听录音请扫二维码

🎧 **4.1 听译**

听下列句子，将其直接口译为目的语（5句俄译汉，5句汉译俄）。

_____
_____
_____
_____

🎧 **4.2 影子练习（笔记法练习）**

听下面的一段话，边听边进行影子训练，并在听完之后用目标语概括其关键信息和大意（亦可作为笔记法练习的语料）。

_____
_____
_____
_____
_____

4.3 视译练习

（看下列段落，将其直接口译为中文。）

Запрос на комплектное оборудование М-100

Уважаемые господа!

Мы намерены приобрести у Вашей компании комплектное оборудование М-100. Надеемся на Ваш ответ в течение недели после получения настоящего запроса, за что будем очень признательны. В этот раз собираемся заказать 50 комплектов.

Надеемся на размещение заказа в кратчайший срок. Просим прислать предложение с минимально возможными ценами и приемлемые для Вас условия поставки и платежа.

С уважением

дата

Ответ на запрос на комплектное оборудование М-100

Уважаемые господа!

Благодарим Вас за Ваш запрос от 5-го марта с. г. относительно нашего комплектного оборудования М-100. Мы можем предложить Вам 50 машин по цене 150 тысяч евро за штуку на условиях СИФ порт Тяньцзинь. Оплата производится против подтвержденного безотзывного неделимого аккредитива, который открывается в пользу нашего объединения в Банке для внешней торговли РФ через Московский народный банк в Пекине на полную стоимость товара, предназначенного к отгрузке. Машины могут быть поставлены в течение четырех месяцев после получения Вашего подтверждения о закупке. Наше предложение действует в течение двух месяцев с даты отправления данного письма.

С уважением

дата

4.4 情境模拟（学生分角色进行翻译实景演练）

Антонов: Доброе утро, господин Ли. Я сегодня приехал к вам, чтобы обсудить цену на оборудование.

李： 欢迎！安东诺夫先生。请坐。您看过我们的报价吗？

Антонов: Да, вы предложили 100 тысяч долл. США за комплект.

李： 不错，您觉得这个价格如何？

Антонов: По-моему, это слишком высокая цена. Сейчас подобное оборудование из Турции также пользуется популярностью в России, и цены ниже, в районе 80-90 тысяч долл. США. Мы с вами работаем уже больше 5 лет, ваше оборудование получило благоприятные отзывы в России. Однако боюсь, что другие производители нас превзойдут.

李： 我们的设备质量上乘，当然价格要高一些。

Антонов： Я понимаю, в этом и заключается причина, почему мы продолжаем покупать ваше оборудование. Но качество оборудования других производителей близко к вашему, но цены на 10%-20% ниже. Надеюсь, что ваша цена сможет быть более конкурентоспособной.

李： 好吧，为了生意，我们愿意做出一些让步。您觉得降价2%如何？

Антонов： Вы шутите? Как же 2% можно сравнить с 10%-20%?

李： 您的意思是让我们降价10%-20%？

Антонов： Не на так много, но по крайней мере на 6%.

李： 对不起，我们不能保证，最多也只能4%。

Антонов： Ладно, мне нужно написать письмо в компанию для подтверждения.

李： 好的，我等您的答复。

4.5 自由练习

1) Российские клиенты второй раз посещают китайскую компанию, чтобы обсудить вопросы о подписании договора. Российская сторона не довольна условиями платежа и сроком поставки, хочет, чтобы китайская сторона внесла поправки в договор.

第八课　礼仪致辞

1 词汇准备

бюро регистрации 大会报到处，登记处
служба переводов 翻译处
приглашение на приём 招待会请柬
регламент 工作规则，（会议）限定的发言时间
телеконференцсвязь 远程会议通信
кофе-пауза（кофе-брейк） 茶歇
фуршет 自助冷餐会
повестка дня 议事日程
тайное голосование 无记名投票
поимённое голосование 记名投票
стратегическое партнерство 战略性伙伴关系
ведущий партнер 主要伙伴
шаг за шагом 一步一步地，逐步地
благосостояние 福利
процветание 繁荣
довести что-л. до конца 把……进行到底
отметка 记号，符号；分数
двусторонний товарооборот 双边贸易
председатель （国家）主席（首字母大写），（企业、组织的）会长、主席

премьер-министр 首相，总理
губернатор 省长，州长
приветствовать 欢迎，致敬，祝贺
Азиатско-Тихоокеанский регион 亚太地区
приоритет 优先事项，首要任务；优先权
инфраструктура 基础设施
точка роста 增长点
локомотив 火车头，动力
промышленное производство 工业生产
прямые иностранные инвестиции 外商直接投资
инвестор 投资商
конкурентные преимущества 竞争优势
дела обстоят как 情况（怎么样）
взаимная выгода 互利
сближение 拉近
СМИ（Средство массовой информации） 大众传媒，大众媒体
актуальный 迫切的，紧迫的；现实的
консенсус 共识
декларация 宣言

конвенция 公约
страна-наблюдатель 观察国
государство-член 成员国
многополярность 多极化
угроза 威胁
вызов 挑战
（кто-л.）в силах 能够，有能力
сплоченность 团结

инклюзивность 包容性
придерживать（чего-л.）坚持，遵循
установить лимит времени выступления 规定发言时间
составить повестку дня 制订会议议程
вызвать острую дискуссию 引起激烈的争论

2 口译实践

2.1 对话 Диалог

2.1.1

Ли Лэй:	Уважаемые гости, преподаватели и студенты, дорогие друзья, добрый вечер! Добро пожаловать в Хэйлунцзянский университет на Всекитайский конкурс по русскому языку 2020 г.
Хань Мэй:	На этот раз конкурс прошел под руководством Министерства образования КНР, а главным организатором был Хэйлунцзянский университет.
Ли Лэй:	Всего же в нем приняли участие 392 студента из 151 вуза Китая! По итогам конкурса будет выявлено 3 лауреата первой премии, 19 лауреатов второй премии и 38 лауреатов третьей премии.
Хань Мэй:	Двухдневный конкурс подошел к завершению, и сегодня вечером наступит самый волнующий момент.
Ли Лэй:	Сейчас позвольте мне объявить о начале торжественного закрытия конкурса и церемонии вручения наград.
Хань Мэй:	Сначала давайте пригласим ректора Хэйлунцзянского университета, господина Фу выступить с речью.
Ли Лэй:	Спасибо, господин Фу. Дорогие гости, давайте посмотрим замечательные ролики, снятые за эти два дня. Пожалуйста, смотрите на экран.

Хань Мэй: Теперь объявляю лауреатов третьей премии. Под наши аплодисменты приглашаем на сцену директора института русского языка Хэйлунцзянского университета господина Сун вручить премию лауреатам.

(Потом вторая и первая премия)

Ли Лэй: Поздравляем всех лауреатов!

Хань Мэй: Дорогие гости, преподаватели, студенты, Всекитайский конкурс по русскому языку 2020 года подошёл к своей финальной части. Мы от всей души поздравляем победителей, и благодарим всех участников конкурса!

Ли Лэй: Спасибо Всем! До новых встреч!

2.1.2

A: Доброе утро, как отдохнули?

B: Хорошо, спасибо. Гостиница очень комфортабельная.

A: Я принесла вам пригласительный билет на конференцию. Конференция состоится в 10 часов 20 ноября в Международном конференц-центре озера Дунху.

B: Понятно. А далеко ли это место?

A: Совсем нет. Не беспокойтесь. В то же утро мы вам все устроим.

B: Хорошо, а у вас есть повестка конференции?

A: Да, вот, пожалуйста.

B: Моё выступление – это третий номер, да?

A: Да, вы выступите после нашего мэра. И надо обратить внимание на то, что все выступающие поднимаются на сцену слева, а спускаются – справа. Между выступлениями имеется небольшой перерыв.

B: Понял. Скажите, сколько времени у меня будет?

A: Регламент для выступающих 20 минут.

B: Отлично. Меня это устроит.

A: Кстати, будете ли вы использовать презентацию или видео при выступлении? Если да, то вы должны принести свою презентацию в аудиовизуальную студию перед конференцией.

B: Хорошо, вот моя флэшка. На ней моя презентация. Вы могли бы помочь мне передать её?

A: Конечно. Нужен ли вам черновик?

B: Нет, спасибо. Кажется, все в порядке.

A: Отлично. Увидимся.

2.1.3

A: После интенсивного, горячего и эффективного обсуждения конференция увенчалась полным успехом.

B: Да, искренне благодарю народное правительство провинции Хубэй за организацию этой конференции.

A: МИД и Государственное управление по охране культурного наследия КНР оказали всемерную поддержку в организации конференции и уделили ей большое внимание.

B: Совершенно верно. И посольство РФ в Китае тоже активно содействовало проведению этой конференции.

A: Очень рады, что вы и члены вашей делегации при всей занятости приехали в наш город, чтобы принять участие в ней.

B: Участвовать в этой конференции – это честь для нас.

A: Пользуясь этим случаем, я хочу от имени народного правительства провинции Хубэй выразить вам и вашим коллегам сердечную признательность.

B: Пожалуйста. Внести Великий чайный путь в список Всемирного культурного наследия – это наша мечта. Заранее надеюсь, что наша мечта сбудется.

A: Обязательно. Мы будем прикладывать все усилия и продвигать ее.

B: Очень приятно сотрудничать с вами. Это же большой опыт.

A: Спасибо за ваши усилия. Эта конференция – только начало нашей работы.

B: Да. Конференция длилась недолго и уже закончилась, а бесценная дружба продолжится.

A: В дальнейшем мы хотели бы вместе с российскими коллегами активно работать и продолжать оказывать положительное влияние на данную работу.

B: Давайте вместе идти вперёд рука об руку, чтобы осуществить нашу совместную мечту! Спасибо!

2.2 篇章 Текст

2.2.1 俄译汉

Уважаемые граждане России! Дорогие друзья! Время приближает нас к новому 2019 году. Позади насыщенный, полный забот декабрь, когда мы торопились завершить неотложные дела, уточняли планы на будущее и, конечно, готовились к празднику. А сейчас мы с волнением и надеждой ждем наступления нового года. Видим восторженные глаза малышей; чувствуем, как рады родители, бабушки и дедушки, если вся семья в эти минуты вместе, а их сердца согреты чуткостью и вниманием.

И понимаем, что вот оно – новогоднее волшебство, и создает его наша душевная щедрость. Она востребована и в праздники, и в будни, когда мы поддерживаем тех, кто нуждается в помощи. Кто одинок или болен – ведь чужой беды действительно не бывает, а милосердие всегда откликается добром, дарит радость соучастия.

Дорогие друзья! У каждого сейчас свои ожидания, но по большому счету все мы хотим, чтобы близкие были здоровы, чтобы в доме царило согласие, дети радовали, а мечты, даже самые сокровенные, обязательно сбывались.

В новогоднюю ночь, как в детстве, мы загадываем желания, ждем везения и удачи, и пусть они будут. Но все же мы точно знаем, что добиться лучшего для себя, для своей семьи, для родной страны можно лишь собственными усилиями, общей слаженной работой.

Нам предстоит решить немало насущных задач в экономике, науке и технологиях, в здравоохранении, образовании и культуре. И главное – шаг за шагом добиваться повышения благосостояния и качества жизни. Чтобы все граждане России, каждый из нас, уже в наступающем году почувствовал перемены к лучшему. Сделать это можем мы только вместе.

Помощников у нас никогда не было и не будет. И поэтому нам важно быть сплоченной, единой, сильной командой. И пусть дружба и добрые надежды, которые объединяют всех сейчас, сопровождают нас в будущем, помогают в работе, в достижении общих целей.

Дорогие друзья! Всего несколько секунд отделяют нас от нового 2019 года. Давайте пожелаем счастья тем, кто рядом, скажем всем, кто дорог, самые теплые слова, поблагодарим родителей, нежно и крепко обнимем детей, раскроем свои сердца навстречу друг другу.

Ведь когда миллионы людей испытывают такие светлые чувства, мир наполняется любовью и доверием. Искренне желаю вам радости и благополучия, а нашей родине, нашей любимой России – успехов и процветания. Поздравляю вас с праздником, с новым 2019 годом!

（选自普京总统2019年新年贺词）

2.2.2　汉译俄

我们一致认为，当今世界正处在大发展大变革大调整时期，世界多极化、经济全球化深入发展，国与国相互依存更加紧密。世界经济复苏艰难曲折，国际和地区热点问题频发，各国面临许多共同威胁和挑战，没有哪个国家能够独自应对或独善其身。各国只有加强团结协作，深化和平合作、平等相待、开放包容、共赢共享的伙伴关系，才能实现持久稳定和发展。

我们一致主张，安全是上海合作组织可持续发展的基石。各方将秉持共同、综合、合作、可持续的安全观，落实打击"三股势力"上海公约、反恐怖主义公约、反极端主义公约等合作文件，深化反恐情报交流和联合行动，加强相关法律基础和能力建设，有效打击"三股势力"、毒品贩运、跨国有组织犯罪、网络犯罪，发挥"上海合作组织—阿富汗联络组"作用，共同维护地区安全稳定。

我们一致指出，经济全球化和区域一体化是大势所趋。各方将维护世界贸易组织规则的权威性和有效性，巩固开放、包容、透明、非歧视、以规则为基础的多边贸易体制，反对任何形式的贸易保护主义。各方将继续秉持互利共赢原则，完善区域经济合作安排，加强"一带一路"建设合作和发展战略对接，深化经贸、投资、金融、互联互通、农业等领域合作，推进贸易和投资便利化，打造区域融合发展新格局，为地区各国人民谋福祉，为世界经济发展增动力。

我们一致强调，各国悠久历史和灿烂文化是人类的共同财富。各方愿在相互尊重文化多样性和社会价值观的基础上，继续在文化、教育、科技、环保、卫生、旅游、青年、媒体、体育等领域开展富有成效的多边和双边合作，促进文化互鉴、民心相通。

（摘选自2018年6月10日中华人民共和国主席习近平同上海合作组织成员国领导人共同会见记者时的讲话）

3 课文注释

礼仪致辞是外事翻译活动中的重头戏，不同类型的翻译人员在此时完成不同种类的翻译任务，如同声传译需要坐在"小黑屋"内进行全程即时翻译，如果会议没有配备同传，那么就会有会场翻译进行段落交传，如果会议没有配备现场翻译则需要翻译陪同人员在外宾身边做好耳语翻译，无论是哪一种会议类型译者都需要提前了解参会的人员构成，大致了解领导要讲的内容，随身带好纸笔准备记录，提前拿到会议议程，了解出席的领导人及其职位，同时注意礼宾次序，提前解决好个人问题，如吃饭及上厕所，避免不必要的尴尬。

1）礼仪致辞涉及各类会议的名称及不同用法，译者需了解其区别与联系：

конференция 大会，会议。通常规模较大，与会者来自不同领域，为讨论特定主题聚到一起，可持续数天。

совещание （为共同讨论问题而举行的）会议，会商，协商。与会者通常来自某一特定领域。

собрание 会议。指被某项共同活动联结到一起的人为讨论某现实问题而举行的会面、会谈。

заседание （某单位成员间议事性的）会议。

以上四者较容易混淆，翻译时应详细加以区分、辨别。除此之外，另有以下几种常见说法：会谈、会面、会晤（встреча），洽谈会，学术研讨会，座谈会（симпозиум），专题研讨会，讨论会，进修班（семинар），论坛（форум），峰会（саммит），记者招待会（пресс-конференция），电话会议（эхо-конференция），电视会议（телеконференция），圆桌会议（круглый стол），大师班（мастер-класс），发布会，推介会（презентация），企业对接会，商务对接会（Биржа деловых контактов），联席会议（Совместное заседание）。

2）致辞中语言相对固定，有约定俗成的一些套话和模式。译者可以加强平时积累：

称呼

Уважаемые коллеги!

Дамы и господа!

Дорогие друзья!

Уважаемые/ многоуважаемые главы государств и правительств!

Уважаемые присутствующие!

开场

Объявить конференцию открытой (закрытой)/конференция объявляется открытой (закрытой).

Выступить с вступительной (приветственной, заключительной) речью.

Поздравить с открытием (завершением) конференции.

Выступить с речью на заседании (с докладом на конференции).

Позвольте/ Разрешите от имени (кого) выразить (кому) (благодарность, приветствие и др.) за (теплый прием, организацию мероприятия и др.).

Хотел бы выразить искреннюю благодарность/признательность за присутствие на сегодняшнем мероприятии.

Я рад возможности выступить сегодня перед вами.

Я очень рада, что мне выпала честь выступить перед вами на сегодняшнем утреннем заседании.

Для меня большая честь выступать сегодня перед вами.

Для меня является честью и привилегией приглашение выступить сегодня перед вами.

Сегодня мне выпала честь выступать перед вами по важнейшим вопросам.

结束语

Обменяться мнениями по вопросу, представляющему взаимный интерес.

Исходя из всего вышесказанного, можно сделать вывод и о том, что...

Доклад был и содержателен и актуален.

Докладчик дал огромное количество полезных советов.

В заключение хочется отметить, что конференция прошла с полным успехом.

В конце хотелось бы поблагодарить кого за что.

Завершая свое вступление, хочу выразить благодарность кому за что.

Желаем, чтобы конференция завершилась полным успехом.

Мы уверены (Мы не сомневаемся в том/Выражаем надежду), что предстоящая ярмарка будет способствовать ускорению развития нашей экономической кооперации.

3）文中出现的 "**в рамках...**" 可以译为 "在……的框架内"，如 "План действий в рамках Международного года инвалидов" 翻译为 "国际残疾人年行动计划"。"Обмены в международной кинематографической области в рамках инициативы 'Один пояс, один путь'" 翻译为 "一带一路国际电影交流活动"。

4）礼仪致辞中常会遇到成语，译者应加强积累，如果遇到无法对应回原文的情况，则视情况选择意译：

Лучше один раз увидеть, чем сто раз услышать.

百闻不如一见。

Сила коня познается в далеком пути, а сердце человека – в далёком общении (с течением времени.)?

路遥知马力，日久见人心。

Все люди – братья.

四海之内皆兄弟。

Близкий сосед лучше дальнего родственника.

远亲不如近邻。

Слова должны быть правдивыми, а действия – решительными.

言必信，行必果。

Сердце сердцу весть подает. Жить душа в душу.

心心相印。

Делить радость и горе. Жить одними интересами.

休戚与共。

Камень с другой горы годится для полировки яшмы.

他山之石，可以攻玉。

Искать общее при наличии различий. Стремиться к единству при сохранении расхождений.

求同存异。

Уходить в далекое прошлое

百尺竿头，更进一步。

Когда вас навещает друг издалека, то нет большей радости.

有朋自远方来，不亦乐乎？

Друзей, понимающих друг друга, расстояния только сближают.

海内存知己，天涯若比邻。

Китай и Россия объединены общими и горами. Дружба наших народов уходит в далекое прошлое.

中俄两国山水相连，两国人民友谊源远流长。

5）与组织会议相关的单位和事物有：会议记录（протокол заседания），大会组委会（оргкомитет конференции），会议主办单位（руководящая организация конференции），会议承办单位（организация, отвечающая за проведение конференции），赞助单位（спонсор），大会执行主席（исполнительный председатель собрания），大会秘书处（секретариат конференции），大会主持人（председательствующий заседания）。

6）在礼仪致辞中常常会遇到颁奖、授予荣誉的环节，可以从以下几个角度对俄语中常见的关于"授予"的动词进行区分：

вручить（кому что）

通常用于庄严、正式的场合，指将颁发的奖章、奖品、奖金以及其他东西亲自交到某人手中，例如：

вручить студенту диплом 发给大学生毕业证书，вручить коллективу премию 授予集体奖金。

наградить（кого-что, чем, за что）

指奖给某人奖状、奖章、奖金、奖品等，客体是人，也可以指用目光、微笑、鼓掌来表示感激、赞美等。例如：наградить героя орденом Ленина授予英雄列宁勋章，наградить（кого）улыбкой 报以微笑。

присвоить（кому-чему что）

指为了表彰、提升而授予某种荣誉、称号、军衔、学位等，可以授予个人，也可以授予单位、部队等。例如："присвоить этому рабочему звание передовика"授予这个工人先进工作者称号，"присвоить（кому）степень доктора"授予博士学位，"присвоить（кому）воинское звание"授予……军衔。

присудить（кому-чему что）

词根是"суд"，指经过评判委员会之类的组织进行研究讨论，做出决定，给予奖赏，这种奖赏可以是勋章、奖状，也可以是称号、学位。例如：присудить мне премию первой степени 授予我一等奖。

"присудить"在授予某人某称号、学位时，与присвоить 可以互换，但присудить着重指出是经过讨论、决定后才授予的，而присвоить只指出"授予"这一行为本身。присудить较少用于授予某种物质奖励，此时多用наградить。

7）课文里普京致辞中出现的"кому предстоит..."表示"某人面临着……"

在中俄互译时可以替换为与之意义相近的句型：

Кто стоит перед лицом чего.

Мы стоим перед лицом действительно сложных проблем. 我们面临着着实复杂的问题。

Перед кем стоит что.

Перед нами стоит важная задача. 我们面临着重要的任务。

8）汉语中有许多表达如果直接译为俄语，是不符合俄语表达习惯的，如：

"你们辛苦了"，这句话不能直译为"Вы очень устали"或"Вы тяжело трудились"。这句话通常是用来对对方所做工作表示感谢，因此，可视情况译为：Спасибо за проделанную работу. / Спасибо за помощь. / Спасибо за приложенные усилия. 等。

4 口译实操

4.1 听译

听下列句子,将其直接口译为目的语(5句俄译汉,5句汉译俄)。

4.2 影子练习(笔记法练习)

听下面的一段话,边听边进行影子训练,并在听完之后用目标语概括其关键信息和大意(亦可作为笔记法练习的语料)。

4.3 视译练习

(看下列段落,将其直接口译为中文。)

Сегодня ШОС представляет собой универсальную организацию регионального сотрудничества с наибольшим географическим охватом и количеством населения. На долю стран ШОС приходится примерно 20% мирового ВВП, а их численность населения – 40% мирового объема. При ШОС 4 государства имеют статус страны-наблюдателя, другие 6 - статус партнера по диалогу. ШОС установила широкие связи с ООН и другими международными и региональными организациями. Она со своим возрастающим международным авторитетом стала значимой силой для обеспечения мира и развития во всем мире и для защиты международной равноправности и справедливости.

ШОС демонстрирует сильную жизнеспособность, обладает мощной движущей силой сотрудничества. Это обусловлено прежде всего тем, что Организация инициативно выдвинула «Шанхайский дух» и непоколебимо им руководствуется, выступает за взаимодоверие и взаимную выгоду, равенство и совместные консультации, уважение к многообразию культур и стремление к всеобщему развитию. Это превосходство над старыми стереотипами, такими как столкновение цивилизаций, мышление холодной войны и игры с нулевой суммой, открыло качественно новую страницу в истории международных отношений, получило широкое одобрение в международном сообществе.

(摘选自习近平主席2018年6月10日在上海合作组织成员国元首理事会第十八次会议上的讲话)

4.4 情境模拟（学生分角色进行翻译实景演练）

同志们、朋友们、女士们、先生们：

大家好！2021年的脚步越来越近，我在北京向大家致以新年的美好祝福！

2020年是极不平凡的一年。面对突如其来的新冠肺炎疫情，我们以人民至上、生命至上诠释了人间大爱，用众志成城、坚忍不拔书写了抗疫史诗。在共克时艰的日子里，有逆行出征的豪迈，有顽强不屈的坚守，有患难与共的担当，有英勇无畏的牺牲，有守望相助的感动。从白衣天使到人民子弟兵，从科研人员到社区工作者，从志愿者到工程建设者，从古稀老人到"90后""00后"青年一代，无数人以生命赴使命，用挚爱护苍生，将涓滴之力汇聚成磅礴伟力，构筑起守护生命的铜墙铁壁。一个个义无反顾的身影，一次次心手相连的接力，一幕幕感人至深的场景，生动展示了伟大抗疫精神。平凡铸就伟大，英雄来自人民。每个人都了不起！向所有不幸感染的病患者表示慰问！向所有平凡的英雄致敬！我为伟大的祖国和人民而骄傲，为自强不息的民族精神而自豪！

(摘选自习近平主席2021年新年贺词)

Уважаемые граждане России! Дорогие друзья!

Всего через несколько минут 2020-й заканчивается.

Встречая его ровно год назад, мы с вами, как и люди во всём мире, конечно же, думали, мечтали о добрых переменах. Тогда никто не мог представить, через какие испытания всем нам придётся пройти. И сейчас кажется, что уходящий год вместил в себя груз нескольких лет. Он был трудным для каждого из нас, с тревогами и большими материальными сложностями, с переживаниями, а для кого-то – с горькими утратами близких, любимых людей.

Но, безусловно, уходящий год был связан и с надеждами на преодоление невзгод, с гордостью за тех, кто проявил свои лучшие человеческие и профессиональные качества, с осознанием того, как много значат надёжные, искренние, настоящие отношения между людьми, дружба и доверие между нами.

Этот год мы прошли вместе, с достоинством, как и подобает единому народу, который почитает традиции своих предков. Эти ценности: мужество, отзывчивость и милосердие – в наших сердцах, в нашем характере и поступках.

（摘选自普京总统2021年新年贺词）

4.5 自由练习

1) Выберите пятиминутный фрагмент из последней речи выступления на тему внешней политики и дипломатии, переведите его на китайский или русский язык.

第九课　教育合作

1 词汇准备

дистанционное обучение 远程教育，远程学习

аттестация 鉴定，评级，考核

учебная программа 教学大纲

подготовительные курсы 预科班

студенческий городок 大学城

физкультурно-оздоровительный комплекс 体育馆

обязательное девятилетнее обучение 九年制义务教育

обновление знаний 知识更新

подготовка кадров 人才培养

нехватка педагогического персонала 师资不足

приобретать знания с целью применения 学以致用

учёный совет 学术委员会

аттестационная комиссия по определению учёного звания (степени) 职称（学位）评审委员会

курсы по повышению квалификации 进修班

вуз с полным сроком обучения 本科院校

вуз с сокращённым сроком обучения 专科院校

ректор университета （综合性）大学校长

директор института （专科性）大学校长

директор школы （中小学）校长

проректор （综合性）大学副校长

декан 系主任

заведующий кафедрой 教研室主任

научный руководитель （学术）导师

классный руководитель 班主任

профессор 教授

доцент 副教授

старший преподаватель 讲师

ассистент 助教

доктор наук 博士

кандидат наук 副博士

магистр 硕士

бакалавр 学士

диплом 毕业证

диссертация 毕业论文

учебный год 学年

система обучения 学制

учебный курс 教学方针

учебный календарный план 教学日历
методика обучения 教学法
конспект 教案
срок обучения 学习年限
учебный балл 学分
плата за обучение 学费

стипендия 奖学金
экзаменационный билет 考题，考签
критерий оценок 评分标准
учёное звание 学衔
монография 专著

2 口译实践

 2.1 对话 Диалог

2.1.1

A: Уважаемый господин Лукьянцев, здравствуйте! Очень рады, что, несмотря на занятость, вы прибыли к нам с визитом.

B: Я тоже искренне рад, что мы можем пообщаться и обменяться с вами мнениями в интересах углубления взаимопонимания.

A: Сейчас позвольте мне кратко рассказать вам о нашем университете.

B: Хорошо, слушаю вас.

A: Уханьский Университет является одним из ведущих университетов при Министерстве просвещения Китая и расположен в живописном месте у подножия горы Луоцзя на берегу озера Дунху.

B: Какой красивый университет! С первого взгляда я уже влюбился в него.

A: Спасибо. Уханьский Университет начинается с института «Цзыцзян», который был создан в 1893 году в эпоху династии Цин. Теперь наш университет включает в себя 11 отраслей знаний: экономика, естественные науки, медицина и другие.

B: Уханьский Университет является очень масштабным и выдающимся университетом с длинной историей. Он привлекает многих студентов из России и других стран.

A: Пользуясь случаем, я хотела бы выразить вам наше пожелание открыть

Центр русского языка в Уханьском университете при поддержке фонда «Русский мир», чтобы способствовать дальнейшему обмену между Китаем и Россией в области науки и образования. Уханьский Университет также готов помогать ВУЗам России в создании Институтов Конфуция для преподавания китайского языка. Спасибо за внимание!

B: Отлично! Я передам послу России в Китае господину Денисову и потом смогу ответить вам на этот вопрос от имени посольства. Спасибо за внимание.

2.1.2

A: Уважаемые китайские друзья, добро пожаловать в прекрасную Казань, где проходит наша двухсторонняя встреча.

B: Спасибо за ваш горячий прием. Очень приятно увидеться с вами здесь. Давайте начнем!

A: Что касается форума ректоров высших учебных заведений России и Китая, мы надеемся на инновационную форму проведения, чтобы достичь большего эффекта.

B: Разделяю ваше мнение. Нам тоже есть чем с вами поделиться.

A: Считаем, что важнейшая составляющая крепкой дружбы, добрососедства и сотрудничества РФ и КНР – совместное воспитание будущих поколений.

B: Совершенно верно. И поэтому мы готовы увеличить число студентов по обмену до 100 тысяч к 2021 году.

A: Отлично. Кроме того, хотел бы подчеркнуть, что одним из ярких примеров российско-китайского эффективного сотрудничества в области высшего образования является создание Университета МГУ-ППИ в Шэньчжэне.

B: Да. Мы ожидаем эффективных моделей совместного создания учебных заведений.

A: 2020-2021 годы объявлены Годами российско-китайского научно-технического и инновационного сотрудничества. Давайте же воспользуемся этим!

B: Желаем эффективно совместить сотрудничество КНР и РФ в сферах производства, учебы и исследований.

A: Полностью согласен с вами. Кажется, все темы уже затронуты.

B: Хорошо. Уверены, что благодаря нашему богатому опыту сотрудничества переговоры непременно пройдёт успешно.

A: Мы с большим интересом ожидаем конкретного обсуждения этих вопросов.

B: Мы тоже.

2.1.3

Журналистка:	По вашему мнению, российские вузы справились с переходом на дистанционное обучение?
Профессор:	Считаю, что вузы справились с этим в кризисной ситуации. Результатом этого периода будет, безусловно, повышение роли дистанционного образования и его возможностей.
Журналистка:	Не получится ли так, что после пандемии не будет нужды в вузах в их традиционном виде?
Профессор:	Я думаю, что эта идея нереализуемая, потому что университетское образование – это процесс не только поглощения знаний, но и формирования личности, тут задействовано очень много эмоций и духовных сил.
Журналистка:	То есть, вы считаете насущными столкновения между людьми в процессе образования?
Профессор:	Верно. Это прежде всего общение с коллегами, учителями. Кроме того, это и работа с книгами, углубленные размышления наедине с собой.
Журналистка:	А как коронавирус может сказаться на науке?

Профессор:	Коронавирус заставил более глубоко смотреть на фундаментальную науку. При создании новых лекарств неизбежно придется использовать математику, AI（то есть искусственный интеллект）и супервычисления при анализе различных вариантов.
Журналистка:	Как вы считаете, новый учебный год начнется онлайн или очно?
Профессор:	По-моему, очно. Если смотреть на ситуацию как математик, то думаю, что мы скоро достигнем плато, а число зараженных пойдет на убыль.
Журналистка:	Что бы вы пожелали студентам и преподавателям?
Профессор:	Не сбавлять того уровня общения со студентами, который мы достигли. Мы пройдем этот период. Все будет хорошо.

2.2　篇章 Текст

2.2.1　俄译汉

Санкт-Петербургский государственный университет — старейшее высшее учебное заведение России, основанное по указу Петра I в 1724 году. СПбГУ входит в число пяти ведущих университетов Европы и десяти лучших университетов мира. Постановлением правительства Российской Федерации Санкт-Петербургскому университету присвоен статус национального достояния.

В стенах университета обучаются около 30 000 студентов из десятка стран мира. Численность профессорско-преподавательского состава СПбГУ — свыше 12 000 человек. СПбГУ — это не только крупнейшее учебное заведение России, это также научно-исследовательский центр.

Факультет исторических и словесных наук, предшественник нынешнего Филологического факультета, был создан в 1819 году. В его составе находилась кафедра российской словесности. В 1850 году историко-филологическое отделение было преобразовано в историко-филологический факультет, который в 1917 году был реорганизован в педагогический институт университета. В 1937 году на базе существующего историко-лингвистического факультета создается филологический факультет.

В настоящее время филологический факультет — крупнейший языковой факультет не только России, но и мира. Это современный, динамично развивающийся учебный и научный центр, готовящий специалистов-филологов для преподавательской, переводческой, научной и издательской деятельности.

Факультет располагается в одном из красивейших мест города в историческом здании, находящемся на Университетской набережной Санкт-Петербурга.

На факультете обучаются около 2 500 студентов и аспирантов. Преподавание ведется с применением новейших учебных технологий, включая компьютеры, видеотехнику, мультимедийные средства обучения.

В составе 18 кафедр работают около 500 штатных сотрудников. На факультете работают зарубежные преподаватели, которые читают лекционные курсы и ведут практические занятия.

Специализация студентов по отдельным языкам и литературам осуществляется на кафедрах русского языка, истории русской литературы, славянской филологии, общего языкознания, фонетики и методики преподавания иностранных языков, английской филологии и лингвокультурологии, английской филологии и перевода, романской филологии, немецкой филологии, скандинавской и нидерландской филологии, финно-угорской филологии, классической филологии, истории зарубежных литератур, математической лингвистики, библеистики.

2.2.2　汉译俄

东方经济论坛于9月11日在符拉迪沃斯托克开幕。论坛期间俄罗斯联邦教育部长奥莉佳·瓦西里耶娃会见了中华人民共和国教育部副部长田学军。

会谈期间双方讨论了教育合作以及俄语和汉语的学习问题。

奥莉佳·瓦西里耶娃在对话中指出，俄方"珍惜与中国教育部的友谊和积极合作传统"。

"感谢您提议准备中俄教育部关于儿童健康与休闲的备忘录。我们同俄罗斯外交部一道，共同积极推进在中俄人文合作委员会会议期间签署备忘录，会议计划于今年十月在莫斯科召开。"——她说道。

奥莉佳·瓦西里耶娃指出了双方对于俄语和汉语学校的兴趣。

"显然，中国学习俄语和俄罗斯学习汉语的热情持续高涨。去年有130所学校的19000名中学生学习汉语。中国建立并积极运行发达的基础设施和活动体系，以发展俄语学习，这是中国俄罗斯语言和文学教师协会（中国俄语教学研究会）、22个高校俄语中心和办公室以及北京俄罗斯科学文化中心的活动成果。两国建立了高质量的俄语和汉语测试体系。自2019年起，汉语将作为第五外语进入俄罗斯中学的国家毕业鉴定体系。"——俄罗斯教育部长谈道。

3 课文注释

中俄两国在教育领域的合作不断深入发展，无论是高校之间还是在更高层面的相关教育文化活动都频繁举办。文化教育类的主题对于在校俄语专业的学生来说最为熟悉，因为所涉及的专业术语为学生所熟悉、贴近学习生活，译者在从事关于教育合作主题的翻译时，在准备相应的专业术语库的基础上，更应当了解两国教育政策及体系的不同，如义务教育的设置和年限、中俄博士学位的差异等等，如果是校际合作活动，还需了解参会高校的历史、现状、主要学科等。

1）中国教育部翻译为"Министерство просвещения КНР"，而俄罗斯主管教育的部委有两个，一个是俄罗斯联邦科学与高等教育部（Министерство науки и высшего образования РФ），另一个是根据2018年5月15日第215号《关于联邦行政机关的总统令》设立的主管普通教育、职业教育等事务的俄罗斯联邦教育部（Министерство просвещения РФ）。

2）在较为正式的翻译场合中，俄语偏爱使用"动词+名词"的结构代替与名词同根的动词，例如：

получить развитие = развиться 取得发展

оказывать кому-л. помощь = помогать кому-л. 帮助

оказывать кому-л. поддержку = поддерживать кого-л. 支持

принимать участие в чем-л. = участвовать в чем-л. 参与

3）在口译时，会遇到一些词语单数和复数表示的含义完全不同的情况，但在口译中又很难听清词尾的发音，这就需要译者平时多积累相关知识，根据上下文加以快速判断，例如：

отношение 态度 — отношения 关系

отношение к кому-л. 对某人的态度

поддерживать партнерские отношения с кем 与……保持伙伴关系

средство 方式、手段、工具等 — средства 资金

интерес 兴趣 — интересы 利益

право 法律 — права 权力

возможность 可能性，机会 — возможности 能力

Если будет возможность... 如有可能时……

производственные возможности 生产能力

4）介绍高校时，通常会讲到高校的历史与现状，常见表达有：

Университет был создан кем-л. в каком-л. году. 大学于……年由……创办。

История университета началась с чего 高校历史始于……

История какого-л. университета берет свое начало со времен чего 高校历史始于……

В настоящее время в университете обучается（сколько студентов）目前在校生为……人

При университете работают... 学校下设……

преимущественные дисциплины 优势学科

Университет вошел в число ТОП 10 лучших вузов（или 10 лучших вузов）学校位列高校十强

занимать какое-л. место 占第……名

находиться вверху списка 名列前茅

5）проект 5-100（俄罗斯5-100计划），是俄罗斯联邦政府旨在建设世界一流大学的高等教育方案。俄联邦政府自2012年开始颁布实施"5-100计划"，将发展目标定为：加强俄罗斯世界一流大学的建设，力促俄罗斯高等院校进一步融入世界教育市场，争取到2020年有5所大学进入世界大学排行榜的前100名（莫斯科大学和圣彼得堡大学不在其中）。

中国目前实行的是проект «Университеты мирового класса и первоклассные специальности» 高校双一流计划（建设世界一流大学和一流学科）。

**6）在俄罗斯高等教育分为以下阶段：本科（бакалавриат），本科在校生可称为

大学生（студент），答辩后学位为学士（бакалавр）；магистратура硕士，硕士在校生可称为硕士研究生（магистрант），答辩后学位为硕士（магистр）；还有专业人员培养（специалитет）一般为五年，包括学士阶段；博士（аспирантура），博士在校生可称为"аспирант"，答辩后学位为副博士（кандидат наук）；科学博士（доктор наук）。

每一级学位的取得都需要通过学位论文答辩，但各级别学位论文叫法不同，本科论文为"дипломная работа"，硕士论文为"магистерская диссертация"，副博士论文为"кандидатская диссертация"，科学博士论文为"докторская диссертация"。

为获得学位，博士研究生除需撰写学位论文外，还需撰写毕业论文（ВКР – выпускная квалификационная работа）、通过国家考试（государственные экзамены）以获得毕业证。

为取得副博士与科学博士学位，需在最高学位评定委员会（ВАК – Высшая аттестационная комиссия）指定权威期刊上发表一定数量的论文（научная статья），这些论文在口语中也被称作"ваковская статья"。

7）常见高校（вузы）类型有：

классические университеты 传统大学

политехнические 理工大学

транспортные университеты 交通大学

медицинские（и фармацевтические）医科大学

аграрные/ сельскохозяйственный 农业大学

социально-экономические 社会经济大学

юридические 政法大学

педагогические и гуманитарные вузы 师范与人文大学

вузы в области физической культуры и спорта 体育大学

военные вузы 军事大学

8）高校合作常见方式有：

научный обмен 学术交流

обмен студентами 互换学生

совместная подготовка 联合培养

совместное строительство лаборатории 共建实验室

повышение квалификации преподавателей 教师培训

9）毕业生可以用"**выпускник**"或"**абитуриент**"表示，前者既可以指中学毕业生也可以指高校毕业生，而后者指"中学应届报考高校的毕业生"。

10）在教育留学领域，如果表示自费可以用"за свой счёт"，自费生可以说"студент на коммерческой основе"或者口语中使用"платник"，如果表示公派则用"учиться за государственный счёт"。

11）需区分三种考试的类型："контрольная работа"测验，"экзамен"考试，"зачёт"考察。其区别在于："контрольная работа"是阶段性的，可以是按月、课题等进行，多是书面形式。"зачет"和"экзамен"都是期末进行，多为口试，前者在结课后、考试前的考察周进行，可以通过测试、抽取题签回答问题、项目答辩等形式进行，不计分数，只填写"зачтено"（考察合格）或者"не зачтено"（考察不合格）。若学生从不缺勤、表现优异（"контрольная работа"等完成较好），也可以免于考察，获得"автомат"。"экзамен"则在考试周进行，计算分数，俄罗斯通常实行五分制，5分为优秀（отлично），4分为良好（хорошо），3分为及格（удовлетворительно），2分及以下为不及格（неудовлетворительно）。"экзамен"的成绩是颁发毕业证的依据，而"зачет"结果记入"зачетная книжка"，不作为颁发毕业证的依据。

4 口译实操

4.1 听译

听下列句子，将其直接口译为目的语（5句俄译汉，5句汉译俄）。

_____
_____
_____
_____

4.2 影子练习（笔记法练习）

听下面的一段话，边听边进行影子训练，并在听完之后用目标语概括其关键信息和大意（亦可作为笔记法练习的语料）。

_____
_____

4.3　视译练习

（看下列段落，将其直接口译为中文。）

Российский университет дружбы народов был учрежден решением правительства СССР 5-го февраля 1960 года.

В феврале 1975 года Университет был награжден орденом Дружбы народов за заслуги в деле подготовки кадров специалистов для стран Азии, Африки и Латинской Америки.

В настоящее время Российский университет дружбы народов -- одно из ведущих государственных высших учебных заведений России. РУДН – крупный учебный и научный центр, широко известный как в России, так и за рубежом.

РУДН имеет многопрофильную структуру факультетов и специальностей, характерную для многопрофильных университетов Европы. Подготовка специалистов осуществляется по 47 направлениям и специальностям на 10 факультетах: инженерном, медицинском, физико-математических и естественных наук, юридическом, экономическом, филологическом, гуманитарных и социальных наук, аграрном, экологическом, иностранных языков и общеобразовательных дисциплин.

РУДН располагает благоустроенным студенческим городком, состоящим из более чем 20 зданий с хорошо развитой инфраструктурой, включающей Интернациональный клуб, поликлинику, издательство, торговый центр и спортзал и так далее.

4.4　情境模拟（学生分角色进行翻译实景演练）

| 王教授： | 您好，谢尔盖耶夫先生，很高兴见到您！昨天您在论坛上的发言实在是太棒了！ |
| Сергеев： | Здравствуйте, профессор Ван! Спасибо за комплимент. Я также слышал, как вы выступали с речью, и думаю, что она была очень |

	конструктивной.
王教授:	谢谢，那么让我们言归正传，我想简单地跟您介绍一下我校俄语系情况。
Сергеев:	С удовольствием.
王教授:	我校俄语系建于1985年，是学校首批院系之一。1997年获得了硕士学位授予权，2010年开始招收博士研究生，2015年建立了博士后流动站。俄语系共有12名教师，其中4名教授，5名副教授，3名讲师。绝大部分教师具有博士学位和国外留学经历。俄语系教师出版了多部学术专著。系内现有本科生80多名。每年招收20名本科生，学制为4年。此外，俄语系每年还招收10名左右硕士和博士研究生。俄语系学生多次在国内俄语赛事上获奖，并在多个大型活动中担任翻译。毕业生就职于各大企业、高校或国家机关。
Сергеев:	Благодарю вас за подробный рассказ, теперь я глубже знаю о вашем факультете. Лично я очень интересуюсь сотрудничеством с вашим университетом. Уверен, что между нашими университетами будет взаимовыгодное сотрудничество в области совместной подготовки студентов и организации научных конференций.
王教授:	是的。现在是午饭时间了，我们已经准备好了"合作备忘录"，吃完午饭，让我们详细讨论一下合作的方向和领域。
Сергеев:	Хорошо.

4.5 自由练习

1) Ректор какого-т. российского вуза посещает китайский университет в целях налаживания сотрудничества между двумя сторонами.

第十课 应急服务

1 词汇准备

въезд 入境	миграционка（миграционная карта）移民卡
выезд 出境	
уголовное наказание 刑事处罚	порча 损坏
административный арест 行政拘留	пограничник 边检人员
лицензия на трудоустройство 工作许可	восстановить 恢复，修复
документы на проживание в связи с работой 工作类居留证明	хищение 偷盗
	свидетельство о возвращении на Родину 回国证明
заявить об утере 挂失	
бюро находки 失物招领处	профилактика 预防
справка 证明	пневмония 肺炎
заявление 声明	коронавирус нового типа 新型冠状病毒
управление по делам туризма 旅游局	эпидемический 传染病的
мигрант 移民	подвижность 流动性
в случае чего 如果……	индивидуальная защита 个人防护
подозрение 怀疑	гигиена 卫生
недомогание 不适	лихорадка 发热
тяжесть 重力，重量，负担，难受	подтвержденный случай заболевания 确诊病例
дискомфорт 不适，不舒服	
горячая линия 热线电话	предполагаемый случай заболевания（подозреваемый на заражение）疑似病例
неотложка 急诊车，出诊车	
стационар 住院部	
медицинский полис 医疗保险	бессимптомные носители 无症状感染者
поисковик 搜索引擎	ПЦР-тест, тест на нуклеиновую кислоту

核酸检测

инфекция 感染

затрудненное дыхание 呼吸困难

анорексия 食欲缺乏，厌食

тошнота 恶心

рвота 呕吐

диарея 腹泻

сердцебиение 心悸，心跳过速

конъюнктивит 结膜炎

конечность 肢端

обследование 调查

вентиляция 通风

дичь 野兽，野味

термометр 温度计

дезинфицирующее средство 消毒液

2 口译实践

2.1 对话 Диалог

听录音请扫二维码

2.1.1

Полицейский:	Когда и где вы совершили последний въезд в Китай? Каким образом?
Иностранец:	12 мая 2019 г. прилетел в аэропорт Байюнь в Гуанчжоу, и там же совершил въезд. Затем приехал в Шэньчжэнь.
Полицейский:	Номер телефона и адрес проживания в Китае, пожалуйста.
Иностранец:	Телефон 13912345678, адрес: г. Шэньчжэнь, район Наньшань, микрорайон Лиюань, дом 9, 1202.
Полицейский:	Какой состав вашей семьи?
Иностранец:	Папа и мама, два старших брата и одна младшая сестра.
Полицейский:	Цель пребывания в Китае?
Иностранец:	Я окончил бакалавриат в Пекинском лингвистическом университете, после чего приехал в Шэньчжэнь и здесь же остался.
Полицейский:	Во время пребывания в Китае подвергались уголовному наказанию, административному аресту и прочим видам наказания?
Иностранец:	Нет.

Полицейский:	Почему Вы решили работать репетитором в учебной организации? Что входит в Ваши профессиональные обязанности?
Иностранец:	Я преподаю русский язык в этой организации по рекомендации китайского друга. Там веду занятия по разговорной речи, недавно только начал, ничего кроме этого не делал.
Полицейский:	Почему не оформили лицензию на трудоустройство и документы на проживание в связи с работой?
Иностранец:	Я не знал, что это нелегально. Друг сказал, что ничего страшного, если не заметила полиция. Также думал, что это очень сложно, поэтому не оформил.
Полицейский:	Согласно 1-му пункту 41-й статьи закона КНР «Об управлении въездом и выездом», иностранный гражданин обязан в соответствии с положениями получить лицензию на трудоустройство и документы на проживание в связи с работой. Ваша деятельность считается незаконным трудоустройством. В соответствии со статьей 80 закона КНР «Об управлении въездом и выездом»: «В случае незаконного трудоустройства иностранного гражданина применяется штраф в размере от 5 000 до 20 000 юаней (жэньминьби); при наличии отягчающих обстоятельств – арест на срок от 5 до 15 дней, а также штраф в размере от 5 000 до 20 000 юаней (жэньминьби)».
Иностранец:	Я не знал, что это незаконно, если бы я знал, то я бы так не сделал.
Полицейский:	Закон есть закон. Раз Вы находитесь в Китае, следует соблюдать китайское законодательство. Никто не может быть выше закона.

2.1.2

Иностранка:	Здравствуйте! Хотела бы узнать, никто не нашел не сдал паспорт?
Служащий:	Здравствуйте! Боюсь, нет. А вы потеряли паспорт?
Иностранка:	Да. Я проверила сумку, но нигде не могла найти его.
Служащий:	Простите, никто не сдавал найденный паспорт.
Иностранка:	А что мне делать?
Служащий:	Вы можете обратиться в бюро находок, может быть, кто-то нашел и туда сдал.
Иностранка:	Хорошо. А что, если и там не найду?
Служащий:	У вас есть копия паспорта? Или вы помните номер паспорта?
Иностранка:	Копии нет, и не помню номер.
Служащий:	Тогда вам сначала нужно написать заявление об утере паспорта, и обратиться в местное управление по делам туризма за справкой.
Иностранка:	А потом?
Служащий:	Потом нужно написать заявление в полицию и обратиться в посольство. Посольство выдаст вам справку, по которой вы сможете купить билет в обратную сторону и вернуться в Россию.
Иностранка:	А визу?
Служащий:	Сначала нужно оформить справку о месте проживания, потом обратиться в полицию для оформления новой визы.
Иностранка:	Ясно. Спасибо!
Служащий:	Пожалуйста.

2.1.3

А: Как надо вести себя мигрантам и куда обращаться за помощью в случае подозрения на заражение новым коронавирусом в России?

> B: Если вы стали кашлять, почувствовали недомогание, слабость, у вас повысилась температура, а в груди возникло чувство тяжести и дискомфорта, первым делом необходимо позвонить на горячую линию непосредственно по месту вашего проживания.
>
> В случае если ваше состояние стремительно ухудшается, вызывайте скорую. Важно обратить внимание оператора на то, что вам нужна именно коронавирусная скорая, а не обычная. Простая неотложка вас не заберет в стационар, просто потому, что не имеет права этого делать. Однако отказать вам в помощи оператор не имеет права. Наличие или отсутствие гражданства или медицинского полиса – не является основанием для отказа в медицинской помощи.
>
> A: Как узнать телефон или адрес коронавирусного центра?
>
> B: В Яндексе, Гугле или любом другом интернет-поисковике вводите запрос: «Коронавирусный центр». И добавляете либо станцию метро, рядом с которой живете, либо свою улицу. Например, в Москве коронавирусные центры организованы при каждой районной поликлинике.

2.2 篇章 Текст

2.2.1 俄译汉

Что делать, если иностранец потерял документ в России?

1. Утеряна или испорчена миграционная карта.

Не волнуйтесь, ничего страшного не случилось. При утере или порче «миграционки» нужно обратиться в УВМ МВД РФ （ФМС）, там бесплатно выдадут дубликат миграционной карты. Обнаружили, что потеряли «миграционку» перед выездом из России? И это не беда – скажите об этом пограничнику, он выдаст копию.

2. Если утерян или испорчен паспорт иностранного гражданина, как теперь его восстановить?

Это самый плохой вариант. При утере или хищении паспорта иностранец сначала должен обратиться в полицию с заявлением о случившейся проблеме. В полиции должны выдать справку о том, что иностранный гражданин обратился с заявлением о хищении или утере паспорта.

Затем со справкой из полиции нужно обратиться в консульский отдел посольства или в консульство своей страны. Далее всё зависит от законов, принятых в стране, гражданином которой является потерявший паспорт иностранец. Он либо сможет оформить новый паспорт в посольстве или консульстве, не выезжая за границу РФ, либо ему придётся выезжать в свою страну для оформления паспорта (для выезда за границу России ему дадут специальный документ, который часто называют «свидетельством о возвращении на Родину»).

2.2.2 汉译俄

新型冠状病毒感染的肺炎公众预防提示

新型冠状病毒感染的肺炎是一种新发疾病，公众应切实加强预防。为帮助外国人了解掌握相关预防知识，国家移民管理局根据中国疾控中心发布的公众预防提示进行翻译整理。

一、尽量减少外出活动

1. 避免去疾病正在流行的地区。

2. 建议疫情防控期间减少走亲访友和聚餐，尽量在家休息。

3. 减少到人员密集的公共场所活动，尤其是空气流动性差的地方，例如公共浴池、温泉、影院、网吧、KTV、商场、车站、机场、码头、展览馆等。

二、个人防护和手卫生

1. 建议外出佩戴口罩。外出前往公共场所、就医和乘坐公共交通工具时，佩戴医用外科口罩或N95口罩。

2. 保持手卫生。减少接触公共场所的公共物品和部位；从公共场所返回、咳嗽手捂之后、饭前便后，用洗手液或香皂流水洗手，或者使用含酒精成分的免洗洗手液；不确定手是否清洁时，避免用手接触口鼻眼；打喷嚏或咳嗽时，用肘遮住口鼻。

三、健康监测和就医

1. 主动做好个人与家庭成员的健康监测，自觉发热时要主动测量体温。家中有小孩的，要早晚摸小孩的额头，如有发热要为其测量体温。

2. 若出现可疑症状，应主动戴上口罩及时就近就医。若出现新型冠状病毒感染可疑症状（包括发热、咳嗽、咽痛、胸闷、呼吸困难、乏力、精神稍差、恶心呕吐、腹泻、头痛、心慌、结膜炎、轻度四肢或腰背部肌肉酸痛等），应根据病情，及时到医疗机构就诊，并尽量避免乘坐地铁、公共汽车等交通工具，避免前往人群密集的场所。就诊时应主动告诉医生自己的相关疾病流行地区的旅行居住史，以及发病后接触过什么人，配合医生开展相关调查。

四、保持良好卫生和健康习惯

1. 居室勤开窗，经常通风。

2. 家庭成员不共用毛巾，保持家居、餐具清洁，勤晒衣被。

3. 不随地吐痰，口鼻分泌物用纸巾包好，弃置于有盖垃圾箱内。

4. 注意营养，适度运动。

5. 不要接触、购买和食用野生动物（即野味）；尽量避免前往售卖活体动物的市场。

6. 家庭备置体温计、医用外科口罩或N95口罩、家用消毒用品等物资。

3 课文注释

应急口译服务的应用范围包括海事、航空、军事、外交、生活等各个领域的突发事件（внезапные чрезвычайные ситуации），小到外宾丢东西、遗失护照、误车迷路，大到涉外警务、突发公共卫生事件，都在此范围。译者在应对突发事件时，首先要做到保密，不可随意透漏相关数据以及个人信息，但如果是危害国家利益或公共卫生的重要问题，则有义务向主管部门汇报，同时要做到中立，不因种族、宗教、文化等不同而歧视或特殊对待，还要做到自我保护，保证自己的人身安全，留存好证据，需要时做必要的声明。应急口译的内容以及事件都很难做到事前推断，翻译也没有时间做充足的准备，因此对于应急语言能力的培养应当在平常的口译训练中逐渐渗透，应急口译服务的基础是非应急时的常态化基础训练和口译教学，注重日常积累，了解主要突发事件的情形与处理方法。同时在应急口译的过程中，译者还需具备良好的心理素质，不因紧张而失了分寸或情绪过于激动等。

1） 如在国外丢失护照或财物，可能会与以下相关部门打交道：

Посольство КНР в РФ 中国驻俄罗斯大使馆

Посольство РФ в КНР 俄罗斯驻华大使馆

консульский отдел посольства 大使馆领事处

консульство 领事馆

УВМ МВД РФ（ФМС）– Управление по вопросам миграции Министерства внутренних дел Российской Федерации（Федеральная миграционная служба）俄罗斯联邦内务部移民局（联邦移民局）

Отдел полиции по месту жительству 居住地警察局

Местное управление по делам туризма 当地旅游管理局

Бюро находок 失物招领处

Справочное бюро 问询处

2）为找回失物或补办证件，涉及以下常用表达：

подать заявление 提交申请

оформлять справку 开具证明

подготовить копии 准备复印件

написать заявление об утере паспорта 写护照丢失声明

заявление о хищении/ утере чего 被盗或丢失声明

справка о месте проживания 居住地证明

3）涉及突发公共卫生事件时，常出现各种医院检查项目名称如：

Функциональная проба печени 肝功能检查

ОАК（общий анализ крови, клинический анализ крови）血常规检查

УЗИ（ультразвуковое исследование）超声检查

Электрокардиография（ЭКГ）心电图

Электроэнцефалография（ЭЭГ）脑CT

4）新冠肺炎疫情是2020年最大国际性突发事件，有多种名称表达方式：

Коронавирус нового типа 新冠病毒

Пневмония, вызванная коронавирусом нового типа 或 коронавирусная пневмония 新冠肺炎

Коронавирусная пандемия 或 пандемия коронавируса, пандемия（коронавирусной инфекции）COVID-19

заражение новым коронавирусом 感染新冠病毒

сдавать мазок из носоглотки 做鼻咽拭子

新冠疫情期间，中、俄两国与疫情防控相关的主要机构有：

Китайский центр по контролю и профилактике заболеваний 中国疾控中心

Роспотребнадзор（Федеральная служба по надзору в сфере защиты прав потребителей и благополучия человека）俄罗斯联邦消费者权益及公民平安保护监督局

Координационного совета при Правительстве по борьбе с распространением новой коронавирусной инфекции на территории РФ 俄罗斯政府抗击新冠肺炎协调委员会

Министерство здравоохранения РФ 卫生部

Государсмвенный камитет по делам здравоохранения КНР 中国国家卫健委

5）**По своей/ собственной инициативе** 主动地

Вы должны по своей инициативе носить маску и обратиться за медицинской помощью. 应主动戴上口罩，及时就医。

6）在口译中，往往会遇到讲话者旁征博引、引经据典，这时译者就需要进行回译，即通过翻译进入译语的词语再译回原语，如：Стратегическая концепция «Экономического пояса шёлкового пути» состоит из пяти пунктов: политические связи, соединение дорог, свободная торговля, денежное обращение и общие стремления народов. 这里谈到"丝绸之路经济带"的构想由五个要点构成：政策沟通、设施联通、贸易畅通、资金融通、民心汇通。如果译员对背景知识不够了解，则很有可能完全直译，将"соединение дорог"翻译为"道路连通"，未能准确的表达原文意涵。回译无疑是对译者提出了更高的要求，这就需要译者平常多积累，广泛涉猎。但在应急口译中，译员无法有充足的时间进行知识储备和积累，只能尽可能保持与原语内容一致，在修辞色彩上尽量靠近。

4 口译实操

4.1 听译

听下列句子，将其直接口译为目的语（5句俄译汉，5句汉译俄）。

_____
_____
_____
_____

4.2 影子练习(笔记法练习)

听下面的一段话,边听边进行影子训练,并在听完之后用目标语概括其关键信息和大意(亦可作为笔记法练习的语料)。

_____
_____
_____
_____

4.3 视译练习

(看下列段落,将其直接口译为中文。)

Недавно правительство г. Москвы приняло ряд мер по профилактике и контролю эпидемии, в том числе потребовало, чтобы граждане, прибывающие из КНР в Россию (включая российских граждан и граждан из третьих стран) находились на карантине в течение 14 дней после въезда по месту проживания. Эпидемиологические ведомства РФ России будут измерять температуру тела на дому у иностранных граждан, а также проверять паспорт и измерять температуру тела на станциях метро и других объектах общественного транспорта.

Граждане, нарушившие правила, установленные российских стороной, будут помещены на общий карантин и понесут административное наказание. Посольство осуществило контакты с Министерством иностранных дел Российской Федерации и Правительством Москвы, попросив не применять чрезмерных мер, защитить законные права и интересы китайских граждан. Настоящим Посольство Китая ещё раз напоминает китайским гражданам, недавно прибывшим в Россию, строго придерживаться правилам по нахождению на карантине, не выходить из дома в период карантина, осознанно взаимодействовать с российской стороной в осуществлении мер по контролю и карантинному надзору.

В случае обнаружения повышенной температуры в период карантина, пожалуйста, позвоните по номеру экстренной помощи 103. В случаи необходимости получения материальной помощи, вы можете связаться с Посольством по следующим номерам, Посольство проведет координацию с сообществом эмигрантов в России, торговым обществом и Всероссийским студенческим союзом для оказания необходимой помощи.

Консульская защита при Посольстве Китая в России: 0074999518661 или 0079167680296

Торгово-экономический отдел Посольства Китая в России: 0079683799111

Отдел по делам образования и науки Посольства Китая в России: 0074999518395, 0074999518396

4.4 情境模拟（学生分角色进行翻译实景演练）

工作人员：	您好！有什么可以帮助您的吗？
Анна Петрова:	Здравствуйте! Я потеряла сумку.
工作人员：	您的名字是？
Анна Петрова:	Анна Петрова.
工作人员：	您的包是什么样子的？
Анна Петрова:	Это черная сумка через плечо, без узоров, на сумке только буква М.
工作人员：	好的。包里有什么？
Анна Петрова:	Все: паспорт, ключи, кошелек, фотоаппарат.
工作人员：	什么时候丢的？
Анна Петрова:	Я не знаю, заметила только при выходе из такси.
工作人员：	给出租车公司打电话了吗？
Анна Петрова:	Позвонила. Сказали, что не видели.
工作人员：	钱包里有银行卡吗？如果有的话最好尽快挂失。
Анна Петрова:	Уже подала заявление.
工作人员：	我已经记录了，如果找到会立刻通知您的。
Анна Петрова:	Если хочу вернуться в Россию, что делать без паспорта?
工作人员：	关于护照请联系贵国大使馆。
Анна Петрова:	Хорошо. Спасибо.
工作人员：	不客气。

4.5 自由练习

1) Кошелек и паспорт госпожи Ван были похищены в России. На следующей неделе она должна была вернуться в Китай, поэтому ей нужно обратиться в полицию, чтобы найти украденные вещи и восстановить паспорт.

第三部分　参考答案

第一课　参考答案

2　口译实践参考译文

2.1　对话部分参考译文

2.1.1

波波夫：　您好！我需要办理到北京的航班的值机手续。可以在这儿办理吗？

工作人员：是的。这就是这趟航班的值机柜台。请给我您的护照。

波波夫：　给您。我有高空恐惧症，可以给我靠过道的座位吗？

工作人员：好的。您有要托运的行李吗？

波波夫：　有，一件。另外这个包我想作为手提行李。

工作人员：请把您的行李放到传送带上。噢，您的行李太重了。恐怕您需要付超重费。

波波夫：　那我把这些书拿出来。

工作人员：请重新把行李放到传送带上。这下没有问题了。您可以收好您的护照。这是您的登机牌。

波波夫：　非常感谢。

2.1.2

工作人员：请给我您的护照和登机牌好么？

波波夫：　给您。

工作人员：您去北京的目的是什么？

波波夫：　旅游。

工作人员：您可以拿回您的证件了。祝您飞行愉快！

波波夫：　谢谢！

工作人员：您好！您的包里有电脑吗？

波波夫：　有。

工作人员：请从包里取出电脑、手机，脱下外衣，一起放到篮子里。请把包放在传送带上。

波波夫： 好的。
工作人员： 请通过安检门。

2.1.3

乘务员： 您好！我可以看一下您的登机牌吗？
波波夫： 您好！给您。
乘务员： 您的座位号是18C。这边请。您的座位在第三排靠右的位置。
波波夫： 谢谢。
乘务员： 您想喝点什么吗？
波波夫： 好的。先来一杯水和一杯黑咖啡吧。
乘务员： 好的。您想吃点什么吗？
波波夫： 我想我就吃火腿三明治吧。飞行时间多长？
乘务员： 两小时。好的，这就拿给您。
波波夫： 还有，能给我一条毯子吗？还有耳机。
乘务员： 当然可以。
波波夫： 请问飞行时间多长？
乘务员： 大约两个小时后飞机就要准备降落了。
波波夫： 谢谢。

2.2 篇章部分参考译文
2.2.1 俄译汉

机场指南

安检

首先，要通过起飞前安全检查，接受行李检查。安检时需出示机票、登机牌和乘客身份证件。

您需要将行李放置在红外线检查仪器上。禁止将刀具、烟雾剂和超过100毫升的液体带入机舱。以上物品可放入托运行李。

值机

国际航班值机在起飞前三小时开始。乘客需至值机柜台，出示护照，对行李箱进行称重和交运，手提行李随身携带。将带上飞机的、尺寸不大的箱包叫做手提行李。所有手提行李、液体和免税商品运输均适用特殊规定。

每位乘客均会收到登机牌，在登机时应予以出示，并应通过护照检查、手提行李扫描。

请注意，值机柜台常备行李牌，乘客可在目的地一栏写上居住地址，将其固定在托运行李上（非强制）。乘客须保存好行李牌，通常临时粘贴在登机牌或护照上。

候机室（登机口前）

通过安检并完成行李登记后，须进入候机室。登机前在此等候。为打发候机时间，您可以逛一下机场内的免税商店：在免税店逛一逛，在餐馆吃顿饭，休息一下，并享受这些带给您的愉悦感。这一句话已经概括了在候机室里可以做的所有事。在最后时刻可以选购礼物，购买纪念品，或者吃点东西。机场里有很多可买的东西。

登机

您的行李牌和机场的信息屏上都显示登机开始时间和登机口编号。由于登机口有可能发生变更，我们建议您密切关注机场广播和信息屏上的数据。

登机广播时须到达相应登机口，并向值班人员出示登机牌，前往可将您送至飞机的摆渡车。登机口可能在一楼（乘客乘坐摆渡车到达飞机处），也可能在二楼（您将通过连接飞机和航站楼的专门登机廊桥上机）。

托运行李

现在呢，终于只剩下您旅程的最后一部分了——提取行李。行李通过环形旋转的行李传送带予以发放。提取行李时，应核对行李上行李条的编号与您机票上的行李小票编号是否一致，以确保正确提取行李。

2.2.2　汉译俄：

Голосовое объявление в аэропорту

Уважаемые пассажиры рейса CZ9783, вылетающие в Ухань, мы с сожалением сообщаем Вам, что Ваш рейс задерживается из-за погодных условий. Посадка отложена до 14:30. Приносим наши глубокие извинения. Просим Вас оставаться в зале ожидания и следить за объявлением. Если у Вас возникли вопросы, обратитесь, пожалуйста, к нашим сотрудникам. Спасибо.

Уважаемые пассажиры, передаем объявление Управления гражданской авиации. Запрещается провоз жидкостей в самолет. При регистрации на рейс просим Вас сдать в багаж все жидкости, кремы и гели（в емкостях вместимостью более 100 мл). Запрещается обмен или провоз предметов, не принадлежащих пассажиру. Не разрешается приносить на борт самолета зажигалки и спички. Благодарим за ваше сотрудничество.

Внимание, пассажиры рейса SU204, вылетающие в Пекин, приглашаются на посадку. Просим Вас со всеми своими вещами пройти на выход на посадку №25 и предъявить свой посадочный талон. Желаем Вам счастливого полета. Спасибо!

Доброе утро, дамы и господа! Говорит командир корабля Александра Медведева. От имени всего экипажа и авиакомпании приветствую Вас на борту самолета. Наш рейс выполняется по маршруту Москва – Пекин. Время полета составит 7 часов 25 минут, скорость полета 450 км/ч. В течение полета вам будут предложены прохладительные напитки и горячий обед. Просим вас отключить электронные устройства, привести спинки кресел в вертикальное положение и пристегнуть ремни безопасности. Желаю Вам приятного полета!

4　口译实操部分的参考译文

4.1　听译参考译文

1) Пассажиры с электронными билетами могут оформить регистрацию на рейс только по удостоверению личности.

国际航班登机手续于航班起飞前3小时开始办理，起飞前40分钟截止。

2) Рейс номер CA909 авиакомпании "Эйр-Чайна": вылет из Пекина в 13:45, прибытие в Москву в 17:40 по местному времени.

中国国际航空公司CA909，北京时间中午13：45起飞，莫斯科时间下午17：40左右到达。

3) Ваша виза действительна в течение 3 месяцев.

您的签证三个月有效。

4) Из-за плохой погоды самолёт задержался.

由于天气原因，飞机晚点了。

5) Ноутбук лучше взять с собой. Но при прохождении предполетного досмотра требуется достать его для досмотра.

笔记本电脑最好随身携带。但在过安检时会要求你拿出来接受检查。

6) 得留下足够的时间过安检。

Необходимо оставить достаточное время для прохождения предполетного досмотра.

7) 行李超重要按航空公司的定价付费。

За перевес багажа нужно платить по тарифу авиакомпании.

8) 飞机起飞和降落时不能使用电子设备。

Во время взлета и посадки самолета запрещается пользоваться электронными устройствами.

9) 经济舱的旅客可以免费携带不超过20公斤的行李（两件），商务舱的标准是30公斤。

Пассажиры экономкласса могут иметь 2 места багажа, каждое из которых не превышает 20 кг. Для пассажиров бизнес-класса предусмотрено не более 30 кг.

10) 我们的飞机准备起飞了，请系好安全带。

Наш самолет готов к взлету, пристегните ремни безопасности, пожалуйста.

4.2　影子练习（笔记法练习）参考译文

Использование мобильных телефонов, включая использование автономного режима дополнительного внешнего аккумулятора и прочих мобильных источников питания, запрещено во время всего полёта.

Курение, а также использование электронных сигарет, запрещены в течение всего полёта.

Курение в салоне или туалете, а также повреждение детектора дыма, являются нарушением закона.

Для вашей безопасности, пожалуйста, не расстегивайте ремни безопасности во время полёта. В случае необходимости, вы можете ослабить ремень безопасности таким образом.

В случае разгерметизации кабины самолёта, кислородная маска выбрасывается автоматически. Пожалуйста, подтяните её к себе и плотно прижмите маску к носу и рту. Если вам необходимо помочь другим пассажирам, пожалуйста, наденьте сначала свою маску.

Пожалуйста, используйте спасательный жилет, в случае аварийной посадки на воду. Пожалуйста, не надувайте жилет в кабине самолёта.

Надуйте жилет у выхода при покидании самолета, резко дернув за красные пластмассовые бирки. Поддуть жилет можно через клапаны поддува.

В жилете имеется лампочка, которая включается в воде.

При надевании спасательного жилета на ребёнка убедитесь, что жилет прошёл между ногами ребёнка и затем закрепите его на талии.

В случае аварийной ситуации, пожалуйста, оставайтесь в правильной безопасной позе.

Аварийные выходы расположены с двух сторон кабины самолёта. В случае аварийной ситуации, пожалуйста, выберите ближайший аварийный выход для эвакуации, следуя индикаторным огням направления на полу.

Перед аварийной эвакуацией, пожалуйста, снимите обувь на каблуках и другие острые предметы и следуйте инструкциям членов экипажа. Для вашей безопасности, не берите с собой багаж во время эвакуации.

Более подробно ознакомиться с аварийно-спасательным оборудованием нашего самолета вам поможет « ИНСТРУКЦИЯ ПО БЕЗОПАСНОСТИ», которая находится в кармане впереди стоящего кресла. Просмотрите ее внимательно. Если у вас есть вопросы, обращайтесь к бортпроводникам. Благодарю за внимание.

Наш самолет готов к взлету. Желаем вам приятного полёта!

飞行全程禁止使用手机，包括开启飞行模式或使用外接电源和其他移动电源设备。

本次航班全程禁止吸烟或使用电子香烟等同类产品。

在客舱或洗手间吸烟，及损毁烟雾探测器，均属于违法行为。

为了您的人身安全，请全程系好安全带，安全带是这样解开的。

客舱释压时，氧气面罩会自动脱落，请用力拉下面罩并戴好，如需帮助他人，请先把自己的面罩戴好。

水上迫降时，请使用救生衣，但在客舱内不要充气。

离开飞机时，请用力下拉红色拉扣，充气不足时，通过人工充气管向内充气。

救生衣装有定位灯，遇水会自动照明。

儿童穿戴救生衣时，只要将腰带穿过胯下，在腰部系紧即可。

遇到紧急情况时，请采取正确的防撞击姿势。

客舱两侧设有紧急出口，发生紧急情况时，请沿指示灯方向，从最近的安全出口撤离。

在紧急撤离前，请脱下高跟鞋，取下身上所有尖锐物品，听从乘务员指挥，撤离时禁止携带行李。

更详细的信息请参见位于前排座椅口袋中的"安全说明"，如有任何疑问，请联系乘务员，感谢您的关注。

飞机即将起飞，祝您有一段美好旅程。

4.3 视译练习参考译文

首先需要弄清楚航站楼是国内航站楼还是国际航站楼。在起飞航班显示屏上找到自己的航班号，屏幕上已标明值机柜台。携带护照、机票和行李到相应值机柜台，需要时交运行李，拿回护照、机票和登机牌，登机牌上标有登机口，是您登机的地方。根据机场指示去往相应登机口。如果您的航班是国际航班，则还需通过海关和护照检查，以上检查都在去往登机口的路上，不要迷路。随后进行安检，需要取下腰带、手表、靴子，通过扫描仪。此时您就可以到达免税区和登机牌上标注的登机口所在区域了。那里也显示登机时间，您需要在此时间前到达登机口，登上摆渡车，并乘车抵达停机坪上飞机所在地。

4.4 情境模拟参考译文

Пассажир А:	Добрый день. Мне нужно пройти регистрацию на рейс Пекин-Москва.
工作人员：	好的，请给我您的护照。
Пассажир А:	Вот. Не могли бы вы дать мне место у окна?
工作人员：	抱歉，没有靠窗的位置了，靠过道的可以吗？
Пассажир А:	Ладно.
工作人员：	您有要托运的行李吗？
Пассажир А:	Одно место.
工作人员：	请把行李放到传送带上。

Пассажир А:	Хорошо.
工作人员:	这是您的登机牌，请收好您的证件。祝您旅途愉快。
Пассажир А:	Спасибо!

Пассажир А:	Будьте добры, где мое место?
乘务员:	请您直走，第11排右侧靠过道。
Пассажир А:	Куда положить ручную кладь?
乘务员:	放到行李架上。
Пассажир А:	Где можно получить газету и журнал?
乘务员:	在您前方座位的口袋里。
Пассажир А:	Спасибо. Скажите, пожалуйста, когда будет взлет?
乘务员:	大约十分钟以后。
Пассажир А:	В салоне нет мест для курения? Хотел бы покурить.
乘务员:	抱歉，飞行期间禁止抽烟。
Пассажир А:	Хорошо, понятно.
乘务员:	您喝点什么？茶、咖啡、百事可乐、矿泉水还是果汁？
Пассажир А:	Мне, пожалуйста, сок.
乘务员:	要哪种果汁？我们有橙汁、番茄汁和苹果汁。
Пассажир А:	Томатный, пожалуйста. Не могли бы вы мне принести плед?
乘务员:	好的，几分钟后给您拿来。
Пассажир А:	Спасибо. Когда будет посадка?
乘务员:	还要大约两个小时。

第二课　参考答案

2　口译实践参考译文

2.1　对话部分参考译文

2.1.1

伊万诺夫：　早上好。我想订房间。

工作人员：　您有预定吗？

伊万诺夫：　有，昨天晚上电话预定的。

工作人员：　请出示您的护照。

伊万诺夫：　好的。

工作人员：　好的，我看一下。您预定了一个单人间，对吗？

伊万诺夫：　完全正确。

工作人员：　您决定好要住几天了吗？

伊万诺夫：　住三晚。房费多少？

工作人员：　每天5000卢布。您是现金支付还是刷信用卡？

伊万诺夫：　刷卡。现在就要吗？

工作人员：　您可以在退房的时候给我。

伊万诺夫：　顺便问一下，退房时间是几点？

工作人员：　下午一点。

伊万诺夫：　谢谢。我还有几个问题。

工作人员：　很乐于回答。

伊万诺夫：　客房服务是什么情况？

工作人员：　客服服务从早上六点钟到晚上十点钟。您可以从房间打电话预定客房服务。

伊万诺夫：　餐厅在哪？

工作人员：　餐厅在25楼。我们这里还有咖啡馆。就在这里，大堂里。

伊万诺夫：　在哪可以兑换外币呢？

工作人员： 酒店有银行的办事处，可以换外汇。

伊万诺夫： 感谢您提供的信息。

工作人员： 不客气。这是您的房卡。您的房间是1215。我们的工作人员会帮您拿行李。

伊万诺夫： 谢谢。

2.1.2

工作人员： 晚上好！有什么可以帮您的吗？

伊万诺夫： 我想换房间。我的房间很不方便：浴室很脏，抽水马桶坏了，水龙头没有水，没有毛巾，遥控器不好使。而且窗户对着马路，很吵。

工作人员： 请稍等，我看一下有没有空房。

伊万诺夫： 谢谢，我等您。

工作人员： 真对不起，暂时没有空余的单人间了。因为现在是旅游旺季，游客特别多。不过十楼还有两个空的双人标间。

伊万诺夫： 这两间房怎么样？

工作人员： 请放心，这两间房刚刚打扫过，干净舒适。

伊万诺夫： 好吧，就这么定吧。谢谢，您救了我们啊。

工作人员： 不用谢，您现在可以过去收拾东西，稍后我们的工作人员会给您送去新的房卡，并帮您换房间。

伊万诺夫： 再一次感谢您。

2.1.3

工作人员： 客房服务。有什么可以帮助您的吗？

伊万诺夫： 早上好。我是1015房间的客人。您可以送早餐到我的房间吗？

工作人员： 当然，伊万诺夫先生。您想点什么？

伊万诺夫： 请给我一杯橙汁、一份培根煎蛋、一份黄油吐司和一杯黑咖啡。要等多久？

工作人员： 十五分钟左右。

伊万诺夫： 很好。

工作人员： 您还需要别的吗？

伊万诺夫： 是的。我想问一下，游泳池在几楼？

工作人员： 游泳池、桑拿房和健身房都在八楼。

伊万诺夫： 太棒了。谢谢。你们提供干洗服务吗？可以派人到我房间取一下送洗衣物吗？

工作人员： 当然。我现在就让我们的服务人员到您那去取东西。

伊万诺夫： 听起来太棒了。非常感谢。

工作人员： 不客气。

2.2 篇章部分参考译文
2.2.1 俄译汉

里戈酒店是一家坐落在圣彼得堡市中心的现代化酒店，位于莫斯科火车站对面，步行可至涅瓦大街，附近有"起义广场"地铁站。我们可提供各种舒适房型的住宿服务。我们的每位客人都可以根据自己的喜好选择房间。不同的房间，不同的体验！但我们的品质和服务始终如一。

我们所有的房间均配备带地暖的宽敞浴室和配有矫形床垫的舒适大床。专门定制的家具设计典雅。每个房间里均装有电话、大屏液晶电视、免费高速的无线网络、空调和吹风机。

"舒适"房型具有更优的布局和更大的面积（22平方米以下）。窗外是莫斯科火车站和里戈夫大街的优美风景。

"家庭房"内有大拱形窗，可观赏里戈夫大街全景。更舒心，更舒适，更佳的体验！一些房间分为两档。

无论您选择何种房型，都可以相信，我们将不遗余力确保您只有愉悦心情。

里戈酒店拥有两个独立的休息区，分别是位于一楼的舒适的餐厅（可提供早餐和休闲放松），和位于三楼不大的休息区（配备极具设计感的沙发）。

我们酒店的餐厅除丰富多样的自助早餐外，还可提供家庭式午餐和晚餐。酒店优秀的厨师将独特的家庭风格融入俄罗斯传统菜肴中。

敬请注意，酒店内部没有电梯，但10:00-19:00之间提供搬运行李服务。

在我们的酒店，您永不会被冷落。

2.2.2 汉译俄

Заселение в отель: приезд

Первым делом нужно зарегистрировать ваш заезд. Подойдите к стойке регистрации（ресепшн）и скажите, что у вас на такое-то имя забронирован номер. С собой у вас обязательно должен быть паспорт, желательно и распечатка подтверждения брони; их нужно будет предъявить для заселения в отель. Если у вас есть какие-то вопросы, не прописанные в условиях бронирования（например время завтрака или выселения）, лучше их задать сразу и уточнить все нюансы. Кстати, не удивляйтесь, если вас попросят показать вашу кредитную карту – для большинства гостиниц это является нормальным и служит гарантом вашей платежеспособности.

Обязательно узнайте платный ли минибар（как правило, все напитки платные, однако многие отели оставляют бесплатно пару бутылочек с водой）, где накрывают завтрак и какой пароль от Wi-Fi. Документы и ценные вещи лучше всего отдать на хранение администрации отеля в сейфе. В большинстве случаев эта услуга платная, но лучше перестраховаться, чем сожалеть.

Заселение в номер отеля

После регистрации и уточнения всех вопросов вам выдадут ключ от номера（он может быть как обычный, так и электронный в виде карточки）. Если у вас много багажа, то доставить его вам поможет сотрудник отеля – носильщик. Будет очень вежливо с вашей стороны оставить ему чаевые. Сразу же следует внимательно осмотреть номер, и если вы обнаружите какие-нибудь проблемы, то звоните на ресепшн с просьбой решить вопрос.

В каждом номере должна быть двухсторонняя табличка. Пользуйтесь ею если не хотите, чтобы вам в 9 утра стучали в дверь и объявляли: «уборка!» Повесьте ее на ручку двери стороной «Do not disturb» - «не беспокоить!»

Выселение из отеля

Как правило, время выселения из гостиницы строго регламентировано（обычно это 12:00）. Если вы задержитесь на полчаса-час, то, вероятнее всего, вам ничего не скажут, но за пару часов просрочки выставят счет. Для того чтобы выселиться（сделать чек-аут）, необходимо подойти на ресепшн и сдать ключ от номера. Если вы пользовались какими-то дополнительными платными услугами, вас попросят оплатить задолженность. Да, и не стоит забирать из отеля халаты, полотенца и вешалки – это будет трактоваться как воровство, спустя какое-то время отель может с вашей карточки списать определенную сумму за ущерб.

4　口译实操部分参考译文

4.1　听译参考译文

1）В гостинице есть услуга стирки. Если вам нужно постирать вещи, то положите их в специальный пакет, оставьте на кровати, и горничная заберёт его.

酒店提供洗衣服务。如果您需要洗衣物，可以把它们装入衣物袋，放在床上，服务员会取走的。

2）Ресторан на первом этаже. Он работает с шести вечера до двух часов ночи. Есть ещё кафе, оно работает с восьми утра до девяти часов вечера.

餐厅在一楼，晚上6点到凌晨2点营业，还有咖啡馆，从早上8点到晚上9点营业。

3）Вы знаете, что должны освободить номер до двух часов дня?

您知道应该在下午2点之前退房吗？

4）Номер на одного или на двоих, все с ванной и душем. В комнате есть цветной телевизор, кондиционер и телефон, интерьер в восточном стиле. Лифт в углу вестибюля.

不论单人房间还是双人房间，都有浴盆和淋浴，房间里有彩电、空调、电话、东方式的陈设，电梯在大厅的拐角处。

5）Это первоклассная гостиница в нашем городе. Она известна не только старинным архитектурным стилем, но и прекрасным качеством обслуживания. Вообще, гостиница очень благоустроена.

这是我们市里的一流宾馆，它不仅以古老的建筑风格而闻名，而且以优秀的服务质量著称，宾馆里的设施十分完善。

6）我们两个人，我们想要双人房间。

Нас двое. Мы хотели бы номер на двоих.

7）在我们酒店对面有一家中国银行，那里可以换钱。

Напротив нашей гостиницы есть Банк Китая. Там можно обменять валюту.

8）服务费算不算在房费里？

Входит ли обслуживание в стоимость номера?

9）最好在您抵达的前一天电话确认一下。

Желательно подтвердить приезд звонком за день до прибытия.

10）房钱是预付还是离开时再付？

Оплата вперёд или при отъезде?

4.2 影子练习（笔记法练习）参考译文

Уважаемые гости!

Приятного вам пребывания в гостиничном комплексе «ВЕГА». Спасибо, что Вы выбрали именно нашу гостиницу во время визита в Москву в качестве «второго дома».

Сегодня, имея 25 лет опыта работы, мы идем в ногу со временем. Мы всегда рады дарить Вам искреннее тепло и дружескую заботу.

Вежливое и внимательное отношение обслуживающего персонала, который, поддерживая лучшие традиции русского гостеприимства, сделает приятным Ваше пребывание в гостинице.

В данном рекламно-информационном справочнике Вы найдете полезную для Вас информацию о службах, развлечениях и услугах в нашей гостинице. Желаю Вам хорошего настроения и времяпровождения.

亲爱的客人们！

愿您在贝佳酒店集团有愉悦的居住体验。感谢您在访问莫斯科期间选择我们的酒店作为您"第二个家"。

如今，我们已有25年的经验，仍在与时俱进。我们永远乐于为您送上温暖和友好关怀。

我们的员工秉承俄罗斯热情好客的优良传统，礼貌周到地服务，为您带来良好的居住体验。

在这本广告信息手册中，您可以找到关于酒店服务工作和娱乐休闲的各类有益信息。

祝您好心情，休息愉快！

4.3 视译练习参考译文

卡捷琳娜城市酒店是一家坐落在莫斯科市中心的现代化酒店,位于城市商务区,距离帕维列茨地铁站几步之遥,距离红场和克里姆林宫3公里。欧式建筑和斯堪的纳维亚风格内饰与舒适宜人的家庭般的氛围相结合,使卡捷琳娜城市酒店成为俄罗斯繁华之都客人们无与伦比的舒适逗留地。酒店120间客房可满足您一切需求,包括免费的无线网络和优质的迷你吧。

4.4 情境模拟参考译文

工作人员: 晚上好,有什么可以帮您的吗?

Ван линь: Добрый вечер. На моё имя в вашей гостинице заказан номер.

工作人员: 您贵姓?

Ван линь: Ван.

工作人员: 请稍等,我查一下,是的,单人间含早餐,住三天,对吗?

Ван линь: Да.

工作人员: 请填写表格。

Ван линь: Что мне писать?

工作人员: 请注明何时由哪个部门颁发的护照,写下您的护照号码。

Ван линь: Подпись нужна?

工作人员: 请在这儿签字。

Ван линь: Хорошо.

工作人员: 谢谢。这是您的钥匙,308房间,在三楼,电梯在那边,需要把您的行李拿到房间去吗?

Ван линь: Спасибо, Скажите, а где можно позавтракать?

工作人员: 在一楼。

Ван линь: Когда начинается завтрак?

工作人员: 7到10点。

Ван линь: Спасибо.

第三课　参考答案

2　口译实践参考译文

2.1　对话部分参考译文

2.1.1

李：　　您好，波波夫先生！久仰您的大名，很高兴能在我们这里见到您。我是九洲公司的总经理李强。

波波夫：　您好，李先生！我也非常高兴见到您。

李：　　请允许我代表公司热烈欢迎您和代表团的到来。

波波夫：　谢谢。李先生，请允许我和我的同事们对你们的热情接待表示感谢。

李：　　不客气，中国人的好客是与生俱来的。顺便问一下，您觉得酒店怎么样？

波波夫：　一切都非常好，我们很满意。

李：　　这就好。波波夫先生，今天晚上我们将设欢迎晚宴为您和您的代表团接风洗尘。请您和您的代表团一定出席。

波波夫：　好的，我们很乐意去。宴会在什么时间什么地方举行？

李：　　在东湖国际会议中心的宴会厅——长江厅。宴会将在晚上六点开始。

波波夫：　好的。国际会议中心离这里远吗？

李：　　离得很近。我还给您带来贵代表团人员的邀请函。

波波夫：　太感谢您了。

李：　　离宴会开始所剩时间不多了，我们可以开始去赴宴了。

波波夫：　好的，走吧。

2.1.2

李：　　亲爱的来宾们，晚上好！请允许我代表九洲公司对你们的到来表示热烈欢迎。

波波夫：　您太客气了。

李：　　中国人常说：有朋自远方来，不亦乐乎。

波波夫：　我们也非常高兴能够来这里与您会面。
李：　　　预祝明天的谈判取得圆满成功。
波波夫：　别担心。似乎所有问题都已经解决了。
李：　　　让我们为我们的友谊干杯！
波波夫：　谢谢！作为回礼我也想提议为我们热情好客的中国朋友，为我们双方的公司，以及俄罗斯和中国这两个伟大的国家，为了我们友好合作的共同的目标喝一杯。干杯！
李：　　　干杯！波波夫先生，女士们先生们，饭菜已经摆好了，请入席。
波波夫：　谢谢热情的款待，李先生。
李：　　　别客气，请随意，就像在家里一样。
波波夫：　我们不会客气的哈。我们很喜欢吃中国菜，中国菜非常好吃。
李：　　　祝您有个好胃口！
波波夫：　谢谢，您也是。

2.1.3

李：　　　波波夫先生，您喝点红酒还是白酒？
波波夫：　给我倒点白酒吧。听说中国的白酒非常好。
李：　　　好的。这次白酒是中国的名酒贵州茅台。为您的健康干杯！
波波夫：　谢谢！为健康干杯！
李：　　　波波夫先生，也许您不习惯用筷子夹菜，所以给您准备了刀和叉。
波波夫：　谢谢，不过我筷子用得还不错。
李：　　　太好了。您知不知道北京最经典的菜是什么？
波波夫：　不知道。
李：　　　是鸭子。北京烤鸭扬名全中国。请您品尝。
波波夫：　好的，要怎么吃呢？
李：　　　请看，这是已经切成薄片的鸭肉。这里有薄饼和其他配菜，将鸭肉和配菜放在薄饼上，蘸上甜面酱，然后卷起来吃。
波波夫：　非常好吃，中国菜真是无与伦比的美味。
李：　　　中国菜讲究色香形味养，吃中国菜，您能获得美的享受。总之，中国人很讲究饮食。

波波夫:	请允许我说一句祝酒词。为我们的友谊和合作干杯！
李:	干杯！
波波夫:	李先生，感谢您的盛情款待。明天我们还有很多事要做，所以我提议结束我们的晚宴。
李:	好的。

2.2 篇章部分参考译文
2.2.1 俄译汉

俄餐简单而又合理。现代俄罗斯人的午餐通常由凉菜和三道菜组成。

1. 凉菜。凉菜有沙拉（通常是蔬菜、鱼或肉沙拉），和各种做法的鲱鱼、肉类和腌菜拼盘以及其他冷盘。一般认为，凉菜可以开胃。

2. 第一道菜。第一道菜是汤。用肉、鱼、蘑菇汤底，或蔬菜、浆果汤汁，甚至是格瓦斯、牛奶和凝乳熬制而成。汤有热汤和冷汤。最有名的是白菜汤、红菜汤、酸黄瓜汤、甜菜汤、鱼汤和杂拌汤。

现在第一道菜中最普遍的是著名的白菜汤——用肉、新鲜白菜或者酸白菜、其他蔬菜做成的汤。和白菜汤一起会上酸奶油，有时候有荞麦粥。各种鱼汤也非常流行。用甜菜和其他蔬菜做成的红菜汤也很普遍。俄罗斯的酸黄瓜汤也久负盛名，用鸭肉、鸡肉或肝添加酸黄瓜做成。俄罗斯菜式中一定要提到杂拌汤，用格瓦斯和切碎的肉、新鲜蔬菜和煮鸡蛋做成。杂拌汤一般是冷汤，佐以酸奶油。这是一道很清淡的汤，夏季尤其受欢迎。

3. 俄餐第二道菜非常丰富多样。既有各种各样的鱼和肉，还有各类谷物、蘑菇、蔬菜和鸡蛋做成的菜，以及奶制品和面食。

鱼一直是俄罗斯烹饪的骄傲。鱼可以煎，可以旋转烤肉和炭烤，也可以用平底锅烹制，配上各式酱汁：酸奶油、番茄、牛奶、蘑菇。

肉菜中最普遍的是带各种配菜的炖牛肉或炒牛肉。肉馅可以用来制作肉饼、肉排，也很受喜爱。现代俄餐第二道菜的显著特征是丰富的蔬菜种类：土豆、白菜、胡萝卜、甜菜等等。这些蔬菜通常不单独作为一道菜，而是作为肉或者鱼的配菜。

第二道菜的面食包括用死面煮制而成的菜品：面条、通心粉、细面、饺子和甜馅饺子。第二道菜也有烤肉串、炒鸡肉、薄饼。应当指出，俄罗斯人的第一道菜和第二道菜都和面包一起吃。餐桌上一般吃切片白面包或黑面包。

4. 第三道菜——甜点或甜品。包括甜酪、糖水水果、甜馅饼、蜜糖饼干、烤苹果或烤梨、果酱、各种冰激凌，以及果冻、慕斯、奶油，也有新鲜水果。

俄罗斯人三餐时间一般是：7—10点之间吃早餐。根据个人口味，早餐可以做煎蛋，有时候是肉；喝茶，加糖，或配糖果、果酱，喝咖啡、凝乳、酸奶。12—16点之间吃午餐——一天里最主要的一餐。包括凉菜、第一道、第二道和第三道菜。17—18点左右喝茶。晚上19点吃晚饭。这是个十分相对的概念，既可以是除了汤以外的全套餐食，也可以是非常简单的肉菜或者鱼，有时也只喝茶。

2.2.2 汉译俄

Банкет представляет собой довольно торжественное и мероприятие, поэтому этикет на банкете представляет большую важность. Главная цель овладения этикетом на банкете заключается в том, чтобы избежать неприятностей и своим поведением, имиджем и манерой произвести на других хорошее впечатление.

Перед тем, как отправиться на банкет стоит привести себя в порядок. Дамам желательно немного краситься, чтобы выглядеть прекрасными и элегантными. Господа также должны прийти на банкет в достойном виде: помыть голову, побриться и одеться в чистый и подходящий костюм.

Запомните, пожалуйста, на банкет нельзя опаздывать, а необходимо прийти вовремя или на 5-6 минут раньше назначенного времени прибытия гостей и начала банкета, которое иногда написано на приглашении. Войдя в банкетный зал, поздоровайтесь сначала с хозяевами, а после – с другими гостями. Перед тем, как сесть за стол, отодвиньте стул, но не ногой. Если дама пришла с мужчиной, он должен помочь ей сесть, отодвинув стул. Правильная поза перед началом ужином такова: сидеть прямо, положив руки на колени, не класть руки на стол или играть приборами. К началу принятия пищи познакомьтесь и пообщайтесь с гостями, сидящими рядом с вами.

Ведите себя вежливым в процессе принятия пищи. Следует подносить еду ко рту, а не наклоняться над тарелкой. Когда едите, не чавкайте. Если захотите чихать или кашлять, обернитесь и прикройте рот салфеткой. Не дуйте на горячие блюда и супы, подождите, пока они остынут. Не следует разговаривать с полным ртом. Промокайте рот салфеткой, чтобы не оставлять на стакане след еды. Кости рыбы и мяса не принято класть на стол, а в специальную тарелку. В случае, если вы опрокинули бокал с напитками или уронили палочки, что помешало соседним гостям, извинитесь и обратитесь за помощью к официантам. Не вставайте, чтобы достать предметы общего пользования, которые далеко от вас расположены. Попросите передать их соседей и поблагодарите их, положив предметы обратно после пользования.

Во время банкета хозяин должен предложить тост за гостей в то же время, как гости – за хозяина. Когда предлагают тосты, не обязательно чокаться бокалами（рюмками）с каждым. С теми, кто далеко сидит, можно вместо чоканья бокалами обмениваться взглядами.

В случае, если действительно необходимо заранее уйти с банкета, перед тем, как уходить, нужно объяснить хозяевам причину или заранее предупредить о своем раннем уходе. После банкета, уходя из дома хозяев, необходимо выразить им благодарность за организацию банкета, богатый стол и вкусные блюда.

4　口译实操部分参考译文

4.1　听译参考译文

1）В честь подписания контракта мы устроим банкет, чтобы проводить вас.

为庆祝合同的签订，我们安排了宴会来给大家践行。

2）Во время пребывания вы провели большую работу и оказали нам много услуг. Мы все время чувствовали вашу заботу и внимание. Мы всей душой благодарим вас за все, что вы сделали для нашей делегации.

在逗留期间，贵方做了大量的工作，对我们的帮助很大，每时每刻我们都感到了你们的关心和照顾，为此，衷心地感谢你们为我们代表团所做的一切。

3）В России принято произносить тосты. Позвольте мне предложить первый тост за нашу встречу, за успехи в нашей плодотворной работе!

俄罗斯有祝酒的习惯，请允许我先来祝酒，为我们的幸会，为我们卓有成效的工作成绩干杯！

4）Китайские ресторанные блюда отличаются цветом, ароматом, изысканным вкусом и красивым оформлением.

中国菜讲究色、香、味、形。

5）Нам жалко с вами расставаться. Мы уже привыкли друг к другу. В совместной работе между нами установилась крепкая дружба.

我们舍不得和你们分开，我们彼此已经熟悉，并在共同工作中建立起了深厚的友谊。

6）中国有句老话说得好："海内存知己，天涯若比邻"，虽然我们快离别了，但我们的心是连在一起的。

У нас в Китае есть старинное изречение: Для настоящих друзей нет далёких расстояний. Хотя мы скоро расстанемся, но наши сердца всегда будут вместе.

7）不管距离多远，时间多长，都不能把我们分开，俄语中常说：山和山不能相遇，人与人总能相逢，希望我们不久就能在我国见面。

Ни расстояние, ни время — ничто не сможет нас разделить. Как говорится по-русски: Гора с горой не сходятся, а человек с человеком сойдутся. Надеемся, мы с вами скоро встретимся в нашей стране.

8）这是自助餐，需要拿一个托盘。

Это шведский стол, надо взять поднос.

9）各位尽管很忙，但是还能抽出时间参加今天的宴会，我们非常感谢。

Мы очень благодарны вам всем за то, что вы, несмотря на свою занятость, приехали на наш сегодняшний приём.

10）借此机会，我代表我们公司对你们的热情款待表示感谢。

Пользуясь случаем, разрешите от имени нашей компании, поблагодарить вас за радушный приём и угощение.

4.2 影子练习（笔记法练习）参考译文

Господа, мы собрались здесь по очень приятному поводу – по поводу успешного завершения нашей работы. Мы удовлетворены результатами переговоров, которые, кстати, никак нельзя назвать лёгкими. Надо признать, что в начале мы столкнулись с некоторыми сложностями, но, к счастью, мы сумели их совместно преодолеть. Взаимные компромиссы помогли нам в подписании договора и продемонстрировали не нашу слабость, а силу партнёрства. А это добрый знак. Это говорит о том, что у нас есть все условия для дальнейших взаимовыгодных контактов. В ходе работы мы уважали интересы друг друга. Предлагаю тост: За здоровье наших друзей, за процветание наших фирм, за дальнейшую совместную работу.

先生们，我们在这里相聚是因为有个可喜的理由，即我们顺利完成了工作，我们对谈判结果非常满意，这个结果的取得是不容易的。应该承认，起初我们遇到了一些麻烦，但幸运的是我们共同克服了，相互妥协帮助我们签订了协议，而且展示的不是我们的软弱，而是合作的力量，而这是良好的标志，这说明，我们之间有继续互利联系的所有条件。在工作过程中我们相互尊重对方的利益，我提议为我们的朋友的健康，为我们两家公司的繁荣，为我们继续共同工作而干杯。

4.3 视译练习参考译文

宴会是非常隆重正式的活动。客人们坐在桌子旁，一人一座。宴会时座位上会有姓名牌。受邀客人当然是可以在宴会厅中随意走动，但是大部分时间还是会坐在桌旁。

宴会餐是非常正式的，必须要有热菜、沙拉和冷盘。在准备每次宴会时都要考虑组织一些娱乐节目，可以是比赛和舞蹈。宴会必须要有主持人来活跃气氛。

而冷餐会通常则是在组织一些娱乐晚会、野餐或是某个较随意的节日时进行的。有一点好处，就是受邀者可以自由交流，随意走动。因此冷餐会中的娱乐项目不太受关注。

冷餐会的菜单上是一些一般的菜。非酒精饮料和酒会放在不同杯子中，可以根据个人意愿拿取（自助性质）。冷餐会上会放一些愉快的音乐，不会打扰与会者间的交谈。

同时，还需为客人关心一下娱乐活动。要根据聚会主题选择合适的娱乐活动。可以是竞赛、户外游戏、舞蹈等。

4.4 情境模拟参考译文

伊万诺夫： 尊敬的女士们、先生们！今天我们聚在一起，庆祝合同的成功签订。菜都上了，请大家入席。

Ван： Спасибо. Какой роскошный стол!

伊万诺夫： 首先请允许我提议为我们卓有成效的工作所取得的成就举杯！

Ван:	Выпьем до дна.
伊万诺夫：	随便吃。不要拘束。
Ван:	Как красиво приготовлены блюда! Приятного аппетита, господин Иванов.
伊万诺夫：	谢谢，您也是。借此机会，请允许我说几句。我为我们的团队感到骄傲。没有你们，合同就无法成功签订。请允许我代表我们公司感谢贵方的高效工作。
Ван:	Вы – наше начальство, для нас это большая честь.
伊万诺夫：	谢谢！我看你们的杯子都空了，请斟满吧。
Ван:	Господин Иванов, разрешите мне от имени всех коллег поздравить нашу компанию с успешным подписанием контракта. Желаем Вам здоровья и процветания бизнеса.

第四课　参考答案

2　口译实践参考译文

2.1　对话部分参考译文

2.1.1

导游：　您好。我叫小王，是您的导游。我想和您讨论一下您北京之行的行程。
游客：　我很好，谢谢。好的，我们来讨论一下。
导游：　众所周知，北京是一座有着很多名胜古迹的大城市。我们从哪里开始呢？
游客：　我想看一下天安门广场。可以吗？
导游：　完全可以。它就在市中心，著名的故宫博物院的南边。说到天安门广场，您想不想参观一下故宫博物院？
游客：　想，我也是为了它而来的。
导游：　那我就预定一下明天参观故宫的门票。您还想看什么？
游客：　要是能逛逛长安街会非常棒。
导游：　非常好，我们参观完故宫后可以步行过去。
游客：　除此之外，我还梦想爬一下长城。
导游：　好主意。我们可以第二天去。
游客：　没问题。第三天我想参观一下颐和园，如果您不反对的话。
导游：　完全不反对。这是个很好的选择。您还可以尝一下北京烤鸭。当然了，看您的想法。
游客：　当然，我非常喜欢吃北京烤鸭。似乎一切都很好。
导游：　那么我们就说定了。行程就定好了。明天早上我九点到您这来。明天见。
游客：　明天见。

2.1.2

导游：　我们已经到了。这是八达岭，是长城最重要的地段之一。

游客： 多么雄伟壮观的城墙啊！小王，长城是什么时候建成的呢？

导游： 长城大约是在公元前七世纪开始建的。此后，长城曾不止一次地做过增修和加固。

游客： 多么古老的城墙啊！

导游： 需要注意的是，在15至16世纪的明朝，城墙用条石和大砖作了加固，也就是我们现在所看见的这个样子。总长达6000多公里。

游客： 噢，多么长的城墙！那个时候既无吊车，又无机器，人们竟能修建起这样长的城墙，简直难以想象。

导游： 长城充分说明了人民的智慧。

游客： 是的，中国人民是勤劳和智慧的。

导游： 俄罗斯人民也是这样。人民是历史的创造者。

游客： 完全正确。小王，这个高台是什么？

导游： 这是敌楼。那儿远处小山上还有用来传递军情的烽火台。

游客： 我想，在古时候这种城墙任何敌人都无法通过。

导游： 在古代的中国，长城是用来防御游牧民族侵袭的，而现在长城则成了我国最大的文化古迹之一。

游客： 可不，要知道长城是中国的象征。我们甚至还说：谁没到过长城，就等于没到过中国。

导游： 我们也常说：不到长城非好汉。您当然也是好汉咯！

2.1.3

游客： 我想买点东西留作纪念。您给我出出主意，我给家人带什么礼物好呢？

导游： 可以买一些纪念品或者是中国的民间手工艺品。

游客： 我想买双竹筷子送给我的好朋友作礼物。

导游： 先生，麻烦您一下。

售货员： 您想看点什么？

导游： 请把这双筷子拿给我们看看。

游客： 太好了。做工十分精致。我买下了。先生，请问，什么纪念品最具有中国特色？

售货员： 我们这儿的商品都具有中国特点。请您看看这些景泰蓝制品。

游客：   非常漂亮。我还想买点瓷器。
售货员： 那您看看这些茶具。这是传统的景德镇瓷。
游客：   景德镇是什么意思？
售货员： 景德镇是江西省一个城市的名字。早在公元1000年前后，这个城市的瓷器就已全国闻名了。
游客：   这种瓷器我很喜欢。请再给我看看那套有蓝色条纹的茶具。
售货员： 这套茶具是仿清制品。
游客：   美极了。请算一下账，我应付多少钱。
售货员： 总共550元。这是小票，请到收款处付款，回头再来取货。
游客：   好的。

2.2 篇章部分参考译文
2.2.1 俄译汉

天数：7天

行程：

第一天：莫斯科飞北京。抵达有3000多年历史的北京。机场接机，入住。参观中心广场天安门广场。它位于北京的正中心，在著名的紫禁城的南部。广场中心坐落着陈列着毛泽东主席遗体的毛主席纪念堂。1949年10月1日毛泽东在这片广场上宣告了中华人民共和国的成立。参观紫禁城——皇家的"冬宫"，这是最珍贵的中国宫殿艺术综合体，是明清两代24位皇帝的居所。茶道体验。在此过程中您可以品尝中国最著名的茶，并学习正确的泡茶方法。午餐。参观天坛——世界最大的文化庙宇，且是首都现存唯一的圆形庙宇。天坛已有500多年历史。这里有著名的回音壁，可以传递64米开外低声说出的话。

第二天：酒店早餐。参观中华民族的象征——长城，世界规模最大的防御工事。传说长城是地球上唯一从太空中肉眼可见的人工建筑。午餐。参观中国最大的蜡像馆。这里陈列着不同时期各民族名人的蜡像，共分为七大类，囊括了政治、教育、科学、艺术、体育等各个领域。参观奥运设施和珍珠工厂。

第三天：参观皇家"夏宫"——颐和园，世界上最美园林之一。颐和园被列入联合国教科文组织人类世界遗产清单。整座园林内共有三千多座建筑。午餐。参观国家丝绸厂。藏医中心诊疗体验，那里有在西藏修习多年的民间医士和医生。参观世界公园。晚餐，品尝北京烤鸭。

第四天：酒店早餐。可根据意愿并与导游协商，参观其他名胜古迹或购物。

第五天：酒店早餐。可根据意愿，参观其他名胜古迹或购物。

第六天：酒店早餐。自由活动。

第七天：酒店早餐。12：00退房。去机场。北京飞莫斯科。

2.2.2 汉译俄

Дворцовая площадь – это главная площадь Санкт-Петербурга, архитектурный ансамбль, оформившийся во второй половине XVII – первой половине XIX века.

Площадь образована контурами памятников истории и культуры федерального значения, такими как Зимний дворец, Здание штаба Гвардейского корпуса, Здание Главного штаба с Триумфальной аркой, Александровская колонна.

В составе исторической застройки центра Санкт-Петербурга площадь включена в список Всемирного наследия и ныне является пешеходной зоной. Над созданием ансамбля в течение более двух столетий трудилось несколько поколений выдающихся зодчих.

Строительство Зимнего дворца по проекту В. Растрелли, сыгравшее основную роль в возникновении ансамбля, началось в 1754 году и закончилось в 1762 году. Крупнейший вклад в формировании ансамбля Дворцовой площади внес К. И. Росси. В 1819-1829 годах он создал грандиозное здание Главного штаба, построил здание Министерств и связал эти два сооружения в единое целое великолепной Триумфальной аркой, переброшенной над Большой Морской улицей. В 1830-1834 годах в центре площади по проекту архитектора О. Монферрана сооружена Александровская колонна – памятник Отечественной войны 1812 года.

4 口译实操部分参考译文

4.1 听译参考译文

1）Дорогие друзья, здравствуйте! Добро пожаловать на экскурсию по древнему городу Сиань!

亲爱的游客朋友们，大家好！欢迎来到古城西安观光旅游！

2）Город Сиань – это административный центр провинции Шэньси, ее политический, культурный, экономический, научно-исследовательский, образовательный и туристический центр, а также самый большой город и торгово-экономический цснтр на северо-западе Китая.

西安市是陕西省省会所在地，是陕西省政治、文化、经济、科研、教育、旅游中心，也是中国西北部最大的城市和商贸中心。

3）Этот храм имеет очень древнюю историю, которую можно проследить до начала династии Тан.

这座寺庙历史悠久，可以追溯到初唐时期。

4）Это знаменитая достопримечательность в Китае, с которой связано много красивых легенд.

这里是中国著名的历史古迹，有着许多美丽的传说。

5）Вот мы уже приехали. Это Бадалин, одна из важнейших частей Великой Китайской стены.

我们已经到了。这是八达岭，是长城最重要的地段之一。

6）三亚市被称为"自然的温室"，它是亚洲最大的热带水果产地之一。

Город Санья называется «теплицей природы». Он является одним из самых крупных баз по выращиванию тропических фруктов в Азии.

7）秀水街成了北京最有名的旅游地之一。每天约有20000人到访，休息日访客数量增加至50000－60000人。

Шелковый Рынок стал одним из самых известных туристических мест в Пекине. Ежедневно его посещают около 20000 покупателей, а в выходные их количество возрастает до 50000－60000。

8）我们有句俗话：百闻不如一见。

Наша пословица гласит, что «лучше один раз увидеть, чем сто раз услышать».

9）阿尔巴特大街是市中心最有意思的地方之一，那里集中了许多莫斯科的名胜古迹。

Арбат является одним из самых любопытных мест центральной части города, в которой представлены многие достопримечательности Москвы.

10）索契是俄罗斯在黑海畔的主要疗养城市。

Сочи — главный город-курорт России, расположенный на черноморском побережье.

4.2 影子练习（笔记法练习）参考译文

Добро пожаловать в Шанхай — одно из ярчайших мест на планете, крупнейший город Китая и его торгово-финансовый центр.

Шанхай буквально означает «город у моря». Это превосходный порт, расположенный на западном побережье Тихого океана, в самом сердце восточной части Китая, откуда открывается путь вглубь страны.

Город разделен на две части рекой Хуанпу, на западном берегу которой находится район Пуси, на восточном — Пудун. Если Пуси — это старинный район Шанхая, где сосредоточены магазины, рестораны и музеи, то Пудун — его современная часть, легко узнаваемая по необычным и весьма впечатляющим небоскребам.

Здесь царит приятный северный субтропический морской муссонный климат, поэтому в Шанхае сменяют друг друга привычные четыре сезона года, много солнца и обильные дожди.

Шанхай – уютный, гостеприимный, и в то же время, самый высокоразвитый мегаполис в Китае. В нем удивительным образом переплетается западный шик и восточное очарование. Мегаполис изобилует дорогими ресторанами, умопомрачительными небоскребами, модными торговыми центрами, роскошными отелями и старинными архитектурными зданиями. Все это находится в гармонии друг с другом, и создает особую, притягательную ауру, поэтому в Шанхай хочется возвращаться снова и снова. Европейцы часто сравнивают его с Венецией и Парижем, в связи с чем за городом даже закрепилось множество красивых прозвищ – жемчужина Востока, торговый рай, Восточный Париж.

欢迎来到上海，世界上最闪耀的地方之一，中国最大的城市和贸易金融中心。

上海字面意义为"海上的城市"。这是太平洋西海岸优良的港口，坐落于中国东部的中心，中国内陆地区由此向内展开。

城市被黄浦江分为两部分，西岸坐落着浦西区，东岸为浦东区。如果说浦西是上海的老城区，集中分布着商店、餐厅和博物馆，浦东则代表上海的现代部分，不同寻常且令人印象深刻的摩天大楼使其非常易于辨认。

这里属于北半球亚热带海洋性季风气候，四季景观交替，日照充足，雨水丰富。

上海是一座舒适宜人、热情好客、高速发展的中国大都市。在这里西方的典雅和东方的魅力以惊人的方式相互交融。城市中遍布昂贵的餐厅、惊人的摩天大楼、时髦的购物中心、奢华的酒店和古老的建筑。这一切彼此和谐，并营造出一种特殊而迷人的氛围，这样的上海使人流连忘返。欧洲人常把上海同威尼斯和巴黎相比，因此上海有了很多美丽的称号——"东方之珠""购物天堂""东方巴黎"。

4.3 视译练习参考译文

红场是一个所有来到我们国家的游客都争相参观的地方。但它因什么而有名呢？

红场现在所在的位置还是在俄罗斯沙皇时期确定的，即伊凡三世统治时期。在这一时期，克林姆林（意为内城）开始改建，红场就沿克里姆林铺展开来（15世纪末16世纪初）。这是莫斯科市和整个俄罗斯联邦的中央广场。

红场面积不算小，长达330米，宽达70米。

红场上有许多名胜古迹，如米宁和巴扎尔斯基雕像、列宁（伟大的俄罗斯领袖）墓。仅仅是看完圣瓦西里大教堂就可以感知这片广场的宏伟和美丽了。

20世纪80年代红场被列入联合国教科文组织世界遗产名录。在此之前，广场上可以行车，现在这里只是步行区了。整片广场都铺有条石。

广场正中央的位置是一座陵墓，陈列着列宁的遗体，这也是游客最常造访的地方。但参观列宁墓时有一系列限制：禁止携带挎包、双肩包和手提袋进入内部。甚至禁止携带装有摄像机的移动电话入内。

广场的南部可以看到断头台。这是一座用护栏围起来的高台。早前有人认为这里曾执行死刑，但这大致是错误的说法。通常认为这个地方很神圣，这里曾宣读沙皇命令。战争开始时，正是站在此地宣布战争开始。甚至十字架游行也是环绕它进行，而非绕着教堂。

红场确实是所有与我国历史相关的重要事件的发生地。正是因此游客们才对其有浓厚的兴趣。

4.4 情境模拟参考译文

Ван Ли: Володя, ты работаешь или учишься в Шанхае?

瓦洛佳: 我在上海外国语大学上学。

Ван Ли: Сколько времени ты живешь здесь?

瓦洛佳: 只有三个月。

Ван Ли: Ты хорошо знаешь Шанхай?

瓦洛佳: 不了解。我第一次到这个城市来。但是在莫斯科时关于上海我听说了很多，也在报纸和网上读了关于它的文章。王丽，你可以带我看一下这座城市吗？

Ван Ли: Могу, я коренная жительница Шанхая. Здесь живу уже 20 лет и хорошо знаю его. Я с удовольствием буду твоим экскурсоводом.

瓦洛佳: 谢谢。我们先去哪好呢？

Ван Ли: Лучше на улицу Наньцзинлу. Это самая известная улица в Шанхае. Она делится на восточную, центральную и западную часть.

瓦洛佳: 那儿的什么建筑比较有名？

Ван Ли: Многие. Там есть храм Цзинъаньсы, Шанхайский центр, Шанхайский выставочный центр, Шанхайская художественная галерея и т. д.

瓦洛佳: 我想先看看上海展览中心。这是个什么地方？

Ван Ли: Этот центр был построен в 1955 г. при содействии Советского Союза. Чем дальше идешь на восток, тем больше встречаешь крупных торговых центров. Улицу Наньцзинлу вполне можно считать пешеходной улицей. На западе Наньцзиндунлу переходит на Народную площадь и народный парк. За площадью и парком начинается еще одна торговая улица – Наньцзинсилу. Здесь расположены интересные магазины цветов и птиц, торгующиеся цветочными горшками, золотыми рыбками, птичками в клеточках или просто живыми цветами. В Китае это редкое явление – торговля живыми цветами, обычно продают пластиковые или шелковые цветы.

瓦洛佳: 那还有什么？

Ван Ли:	Еще есть Шанхайская художественная галерея. Там показывают произведения китайских и иностранных живописцев.
瓦洛佳：	我想，我们来不及在一天之内看完整条街。明天我们再来吧。
Ван Ли:	Хорошо.

第五课　参考答案

2　口译实践参考译文

2.1　对话部分参考译文

2.1.1

A: 您如何评价在新冠肺炎疫情背景下俄中两国间的合作水平？

B: 两国在疫情期间的合作完全体现了中俄全面战略协作伙伴关系的高水平的和特殊性。

A: 在当前极端形势下，俄中关系是否出现了新的气象？

B: 当今世界正处于百年未有之大变局，肆虐全球的新冠肺炎疫情又成了国际格局深度调整变化的加速器。全球大疫之下，中俄关系不仅没有停步，反而抓住了危机中的新机，开创了变局中的新局。

A: 应当从中汲取什么经验呢？

B: 通过这次疫情，我们深刻认识到，病毒不分国界和种族，是全人类共同的敌人，傲慢和偏见只会助纣为虐，政治操纵只会为虎作伥。面对人类共同的威胁，迫切需要各国团结一心，打造人类命运共同体。

2.1.2

A: 请问总理先生，您如何评价俄中关系70年来的发展成果？

B: 中俄互为最大邻邦。70年来，两国关系走过了不平凡的发展历程，日益稳定、成熟、坚韧，处于历史上最好时期。

A: 您对未来两国关系发展有何期待？

B: 70年是里程碑，也是新起点。相信在双方携手努力下，中俄新时代全面战略协作伙伴关系必将不断取得新成果，为两国各自发展振兴和世界繁荣安宁做出更大贡献。

A: 俄中总理定期会晤作为统筹两国务实合作的重要机制平台，将如何推动双方务实合作在新时代取得更大发展？

B: 我此次访俄期间，双方将梳理合作成果，规划合作方向，推动双方务实合作迈上新台阶。双方已经决定在2020年、2021年互办"中俄科技创新年"。相信在两国政府和业界共同努力下，中俄务实合作在新时代一定会创造出更多丰硕成果。

2.1.3

A: 您同习近平主席多次会晤，对中俄关系做出了重要的顶层设计。您如何评价中俄两国元首会晤对两国关系发展所发挥的作用？

B: 这有利于我们开展从政治、贸易到军事技术和人文交流所有领域的双边合作。这种互相信任的对话有助于更有效地协调俄中两国在国际及地区关键问题上的立场，共同找到应对我们这个时代最紧迫挑战的方法。

A: 今年是中俄建交70周年，您如何评价两国关系现状及未来进一步发展的潜力？

B: 毫不夸张地说，我们两国关系迎来了历史最好时期的纪念时刻。这是过去30年来艰苦而成功工作的结果。俄中关系全面正常化，并提升至全面战略协作伙伴关系，解决了包括边界问题在内所有敏感问题。我深信，俄中全面战略协作伙伴关系的潜力是无限的。

A: 中俄作为世界上的两个大国，在解决国际热点难点问题和维持公平合理的国际秩序方面，怎样才能更好发挥作用？

B: 俄中关系是世界事务的稳定因素。遗憾的是，个别西方国家声称只有他们拥有全球领导地位。我们坚决反对这种做法。为了改善国际形势，建立一个更加公平民主的世界秩序，我们将继续密切协调俄中两国在紧迫的全球和地区问题上的步调，在联合国、二十国集团、上海合作组织、金砖国家、亚太经合组织等主要多边场合进行富有成效的合作。

2.2 篇章部分参考译文

2.2.1 俄译汉

现在谈一下经济问题。俄罗斯联邦政府拨出GDP的1.2%用于抗击危机。中央银行也差不多做出了同样力度的支持。但是，如果从总体上谈及G20的话，我们大家应当制定共同的行动计划，稳定局势，支持经济，重建世界市场的信心。

当然，各国预算应在提高全球需求方面扮演关键角色。但由于我们日日可见的世界市场的严重动荡，对很多国家来说，借贷的可能性是有限的，这点我们也应当考虑到。

局势正在复杂化。鉴于此，非常重要、现在极端重要的，是为那些需要资金的国家提供融资便利，我尤其是指那些遭受危机和大流行病影响的国家。

因此，应该考虑一下，在国际货币基金组织领导下建立特别基金，该基金的资金首先由央行，也就是引入IMF货币篮子的各国发币央行来提供，然后，IMF任何成员都有权利根据其在世界经济中的占比，从此基金中长期借贷资金，利率为零。

刚刚很多人还说过，有必要保障供应链。显然，这点是重要的。但同样重要的是在危机期间，建立起所谓的绿色走廊，在相互供应药品、粮食、设备和技术时，不受贸易战和制裁的限制。理想情况下，我们应该暂停，且是共同暂停对必需品的限制，并暂停对购买这些商品的财务往来限制。首先，我指的是那些疫情最为严重的国家。最终，这是人们生命与死亡的问题，是纯粹的人道主义问题。需要将这些问题从各种政治外壳中提取出来。

在财长、央行和谈判代表这条线上维持G20传统合作的同事们，危机期间，也许应当加强我们经济顾问层面的相互合作。他们和国家领袖有着直接联系，可以及时、非正式地、相当快速地做出决策。

最后，简单谈一下全球国际组织问题。显然，在危机到来之际，这些组织并不具备自动稳定机制。因此，需要有效地、尽快地研究和终结与国际组织重组相关的问题。

谢谢大家的关注！

2.2.2 汉译俄

Вступающие в новую эпоху китайско-российские отношения нуждаются в укреплении общности интересов двух стран и расширении точек соприкосновения. Находясь на ключевом этапе национального развития, мы должны вместе двигаться вперёд к общему процветанию.

Китай готов с российскими друзьями в духе инноваций и взаимовыгодного сотрудничества продолжать работу по сопряжению инициативы «Один пояс и один путь» с ЕАЭС, последовательно продвигать крупные стратегические проекты, раскрывать потенциал сотрудничества в новых отраслях, в полной мере задействовать взаимодополняющие преимущества регионов двух стран.

Нужно непрерывно обогащать и наполнять двустороннее взаимодействие новым содержанием, формировать новую многовекторную, глубокую и широкоохватную архитектуру сотрудничества в пользу более тесного переплетения интересов на благо наших народов.

Вступающие в новую эпоху китайско-российские отношения базируются на сближении народов и многовековой дружбе. На протяжении 70 лет, какие бы изменения ни происходили в китайско-российских отношениях, дружба между двумя народами остаётся твёрдой как скала.

В этом году по случаю 70-летия установления дипотношений ведущие СМИ Китая и России организовали транснациональную интерактивную мультимедийную онлайн-акцию, в которой приняли участие сотни миллионов граждан двух стран.

Только что мы с Президентом Путиным присутствовали на церемонии открытия павильона больших панд в Московском зоопарке, где теперь живут панды Дин-Дин и Жуи, которые, надеюсь, принесут радость российскому народу, в первую очередь детям. Это ещё один яркий след в дружбе народов Китая и России.

Считаю важным проводить больше интересных мероприятий в сферах образования, культуры, спорта, туризма, прессы и молодёжи с широким вовлечением общественности, активизировать контакты и обмены по линии различных кругов, регионов в интересах душевного, культурного и общественного сближения, чтобы эстафета дружбы передавалась последующим поколениям.

Вступающие в новую эпоху китайско-российские отношения служат надёжным гарантом мира и стабильности на планете.

В переменчивой международной обстановке Китай и Россия, как мировые державы и постоянные члены Совбеза ООН, будут и дальше отстаивать равенство и справедливость, с чувством ответственности выполнять взятые на себя обязательства, вместе с мировым сообществом твёрдо защищать международную систему под эгидой ООН и мировой порядок, основанный на целях и принципах Устава ООН, продвигать многополярность мира и демократизацию международных отношений в пользу создания более процветающего, стабильного и справедливого мира во имя формирования международных отношений нового типа и сообщества единой судьбы человечества.

4 口译实操部分参考译文

4.1 听译参考译文

1）В самое трудное время в нашей борьбе со вспышкой эпидемии Китай получил поддержку и помощь от многих участников мирового сообщества.

在中方抗击疫情最困难的时候，国际社会许多成员给予中方真诚帮助和支持。

2）В целом можно уверенно сказать, что российско-китайские отношения находятся на беспрецедентно высоком уровне.

总体上可以非常肯定地说，中俄关系处在历史最高水平。

3）Мы собираемся в полном объёме выполнять взятые на себя обязательства.

我们将充分履行自己的义务。

4）Мы практически прошлись по всему перечню вопросов, которые представляют взаимный интерес.

我们几乎讨论了清单上共同关切的所有问题。

5）Реализуя меры по борьбе с эпидемией, нам нельзя забывать, что столь же важно, сейчас сохранение рабочих мест и доходов граждан.

在采取对抗疫情措施的同时，我们不应忘记，同样重要的是保护就业岗位和公民收入。

6）病毒无国界。疫情是我们的共同敌人。

Вирус не признает государственные границы. Вспышка инфекции, с которой мы боремся, — это наш общий враг.

7）值此关键时刻，我们应该直面挑战、迅速行动。

Наступил критически важный момент, время, когда мы должны бороться и действовать со всей возможной быстротой.

8）俄罗斯是中国开展各领域合作的重要优先合作伙伴。

Россия является важным и приоритетным партнером Китая в разных сферах сотрудничества.

9）今年四月，第二届"一带一路"国际合作高峰论坛在北京召开。

В апреле этого года в Пекине успешно прошел Второй форум на высшем уровне по международному сотрудничеству в рамках инициативы «Один пояс, один путь».

10）可持续发展契合世界上绝大多数国家的共同诉求。

Устойчивое развитие является общей потребностью абсолютного большинства стран мира.

4.2 影子练习（笔记法练习）参考译文

В.Путин:

Уважаемый господин Председатель, дорогой друг!

Мне тоже очень приятно встретиться с Вами вновь. И сразу хотел бы отметить, что в результате Вашего государственного визита в Россию летом текущего года набран очень хороший темп в двусторонних отношениях.

Связи между Россией и Китаем прочны и стабильны. Они не подвержены влиянию извне и обладают очень хорошим потенциалом развития. В их основе – традиционная дружба наших народов, взаимное уважение интересов друг друга, плотная координация по ключевым глобальным проблемам.

Мы проводим консультации на политическом уровне, сотрудничаем в области экономики, на международной арене. Большой объём работы связан с военно-техническим сотрудничеством и военным взаимодействием. Это в полном смысле всеобъемлющее стратегическое партнёрство.

И я очень рад возможности снова с Вами встретиться и поговорить на все эти темы.

Благодарю Вас.

普京：

尊敬的主席，亲爱的朋友！

我也很高兴与您再次会面。我想指出，今年夏天您对俄罗斯进行国事访问之后，双边关系发展势头非常好。

俄中关系牢固稳定，不受外部因素影响，发展前景十分广阔。这是基于两国人民之间的传统友谊、对彼此利益的相互尊重以及在国际重大问题上的紧密协调。

我们在政治上相互协商，在经济上互利合作，在国际舞台紧密协调。很多工作都与军事技术合作和军事协作相关。这是真正意义上的全面战略伙伴关系。

我很高兴能再次与您会面，并就这些问题进行交谈。

谢谢。

4.3 视译练习参考译文

面对突如其来的新冠肺炎疫情，中国政府、中国人民不畏艰险，始终把人民生命安全和身体健康摆在第一位，按照坚定信心、同舟共济、科学防治、精准施策的总要求，坚持全民动员、联防联控、公开透明，打响了一场抗击疫情的人民战争。经过艰苦努力，付出巨大牺牲，目前中国国内疫情防控形势持续向好，生产生活秩序加快恢复，但我们仍然丝毫不能放松警惕。

在中方最困难的时候，国际社会许多成员给予中方真诚帮助和支持，我们会始终铭记并珍视这份友谊。

重大传染性疾病是全人类的敌人。新冠肺炎疫情正在全球蔓延，给人民生命安全和身体健康带来巨大威胁，给全球公共卫生安全带来巨大挑战，形势令人担忧。当前，国际社会最需要的是坚定信心、齐心协力、团结应对，全面加强国际合作，凝聚起战胜疫情的强大合力，携手赢得这场人类同重大传染性疾病的斗争。

4.4 情境模拟参考译文

A: 中国是俄罗斯最大贸易伙伴，中俄双边贸易额今年有望达到什么水平？

B: Товарооборот между Китаем и Россией в 2018 году побил исторический рекорд, превысив 100 млрд долларов США. Правительства двух стран предпринимают еще более конструктивные меры, чтобы выводить товарооборот на новый рубеж и добиваться высококачественного роста взаимной торговли.

A: 中俄经贸合作领域有哪些具体项目最具前景？

B: В настоящее время полным ходом реализуются крупные совместные проекты в области энергетики, транспорта, сельского хозяйства, авиации, космоса и т.д. Стабильно работают китайско-российский нефтепровод и его вторая нитка, скоро будет построен и сдан в эксплуатацию китайско-российский газопровод по восточному маршруту. Достигнуты ощутимые результаты по сотрудничеству в области навигационных спутниковых систем. Есть все основания сказать, что при общих усилиях китайско-российское торгово-экономическое сотрудничество уже вступило в русло ускоренного развития, открываются многообещающие перспективы.

A: 您如何看待中俄经贸合作中存在的问题？

B: Я хотел бы обратить ваше внимание на то, что проблемы возникли именно в ходе непрерывного продвижения сотрудничества и углубления взаимной интеграции. Для их эффективного разрешения необходимо с новыми подходами предпринимать комплексные меры, продолжать расширять сферы сотрудничества и раскрывать его потенциал. Нужно укреплять общность интересов, содействовать более качественному и динамичному развитию китайско-российского торгово-экономического сотрудничества.

第六课　参考答案

2　口译实践

2.1　对话部分参考译文

2.1.1

彼得：　你好。我是新西伯利亚一个公司的商务经理，这是我的名片。

王：　　您了解我们的宣传材料吗？

彼得：　是的，你们的员工给我了。

王：　　您对我们的新的产品感兴趣吗？

彼得：　是的。我在为我们的工厂寻找新的包装设备。我需要决定该购买哪种设备。

王：　　我们的设备是一个不错的选择。它符合最高的技术水平并且符合国际标准的严格要求。

彼得：　我在这个展会上看到很多类似的设备，请问你们产品的优势是什么？

王：　　今年我们的设备做了很大的改进和提升，同时价格也非常合理。我们的技术主管就在这里，我请他向您详细地介绍一下产品的性能。

彼得：　好的，谢谢。

2.1.2

王：　　请允许我给你们介绍一下，这是我们集团公司的陈经理，这位是外贸局刘局长，这位是外事处王处长，这位是贸易科周科长。

彼得：　您好，非常高兴在这里见到你们。

王：　　请进，坐吧。您想喝点什么？茶还是咖啡？

彼得：　咖啡吧，麻烦不加糖。

王：　　您请。

彼得：　谢谢。

王：　　那么，让我们开始谈业务吧，首先允许我简单地介绍一下我们家电产品进出口集团公司的情况，我们公司建于80年代中期，最近几年由于开放政策，我们企业贸易得到了迅速的发展，目前我们已同世界70多个国家和地区的500多家公司建立了业务联系和合作，今年，公司进出口外汇总额已达1亿5千万美元。

彼得： 你们公司都有什么样的产品？

王： 公司主要产品是：电视机、冰箱、吸尘器、洗碗机、洗衣机、空调、咖啡机，总共约20多个种类，200多种样货。

2.1.3

彼得： 我们此行的目的是采购一批家电，所以我们对你们的产品很感兴趣。我们想看看样品。

王： 请到这边来，这是最新的一批样品，我们的家电质量都非常好，多次获得优质产品奖，许多外国公司和我们合作，是我们的长期合作伙伴。

彼得： 对此我们很满意，所有这些商品我们现在都很短缺，我们非常需要这些商品。我们想购买这个型号的空调，什么价格？

王： 您想买多少？

彼得： 500台。

王： 那么一台是500美元。

彼得： 什么时候能供货？

王： 今年年底。

彼得： 价格相当高，我们研究过一些竞争产品的报价，其他厂商的价格比你们低。

王： 问题是你们一共只买500台，这个量我们已经给你们5%的折扣，而且还是考虑了我们的合作具有十分广阔的发展空间和潜力，一般这样的采购量是没有折扣的，如果您买1000台的话，我们可以给您打9折。但再也不能让步了。

彼得： 好吧，我们之后可以更具体地讨论这个问题，如价钱、供货条件、预付款、结算方式等等。您可否给我们准备一份比较具体的协议草案，以便使谈判容易进行一些。

王： 当然可以，下次谈判时，我们将把协议草案带来。

彼得： 谢谢，希望我们的合作成功。

王： 一定！

2.2 篇章部分参考译文
2.2.1 俄译汉

莫斯科会展中心是一家国际知名的俄罗斯会展公司，是俄罗斯、独联体和东欧地区领先的大型专业展会组织者，有着60余年的工作经验。

会展中心的展会获得了联邦政府机构、各行业全国协会的支持，在俄罗斯工商会的关怀和指导下开展。

会展中心的中央展览馆内每年举办100多场有一百多万专家参与的国际展会，承办1000余场会议活动。共计有来自100多个国家的约3万家企业参与会展中心举办的展会。

中央展览馆内共有9个配备现代工程技术设施的展厅，以及39个舒适的多功能厅，用以承办大会、发布会、洽谈会、研讨会。会展中心中央展览馆总面积为16.5万平方米，其中室内占地面积为10.5万平方米，室外面积为6万平方米。

2.2.2 汉译俄

Китайская ярмарка экспортно-импортных товаров, сокращенно Китайская ярмарка, была впервые организована весной 1957 года. Ежегодно проводится два раза весной и осенью в Гуанчжоу, организовывается центром внешней торговли Китая под руководством министерства торговли и народного правительства провинции Гуандун. На сегодняшний день является комплексной ярмаркой международной торговли с наиболее длинной историей, масштабом, с самым полным ассортиментом товаров, максимальным количеством участвующих покупателей, и к тому же охватывает самые различные районы страны, имеет наилучшие результаты торговых сделок, обладает наилучшей репутацией.

Китайская ярмарка развивалась , проходя через 60 лет преобразований и нововведений, выдержала все виды тяжелых испытаний, укрепила торговый обмен между Китаем и миром, раскрыла имидж Китая, увеличила достижения. Является наилучшей платформой для освоения международного рынка китайскими предприятиями, направляющей, образцовой базой стратегии развития внешней торговли Китая. Уже стала первой платформой для содействия внешней торговли Китая, является барометром и флюгером внешней торговли Китая, окном для расширения внешних связей Китая, ракурсом и символом.

Вплоть до 119 ярмарки, общий оборот экспорта на Китайской ярмарке достигал 1,2 триллиона долларов США, общее количество участвующих иностранных покупателей достигало 7,64 млн. человек. В настоящее время охват каждой Китайской ярмарки достигает 1,18 млн. кв. м, количество иностранных и национальных предприятий превышает 24 тыс.

4 口译实操部分参考译文

4.1 听译参考译文

1) Это наша электронная почта. Сделайте запрос, пожалуйста!

这是我们的电子邮箱，请询价。

2) Где можно взять каталоги продукции?

哪里可以拿到产品目录？

3) Нас интересует ваша продукция. Мы прочитаем ваш каталог, и позвоним вам.

我们对你们的产品很感兴趣，我们会看你们的目录然后给你们打电话的。

4) Я хочу познакомиться с техническими характеристиками вашего оборудования.

我想了解一下你们设备的技术性能。

5) Мы надеемся, что после выставки мы сможем продолжить наш разговор. Будем рады вашему запросу.

希望展会结束后我们可以继续今天的交流。期待您的询盘。

6) 产品在俄罗斯上市没有？在莫斯科有没有代表处？

Вашу продукцию продают в России? В Москве есть представительство?

7) 产品的价格和最小订单是多少？

Сколько стоит ... и минимальный заказ?

8) 我们公司第一次来莫斯科，正在寻找合作伙伴。

Мы первый раз в Москве, ищем партнера.

9) 价格取决于订货量和市场。

Цена зависит от объема заказа и рынка.

10) 产品在俄罗斯有没有注册证书和许可证？

Ваша продукция зарегистрирована/лицензирована в России?

4.2 影子练习（笔记法练习）参考译文

Добро пожаловать на стенд «РЖД Логистики»!

«РЖД Логистика» крупнейший на территории СНГ и стран Балтии мультимодальный логистический оператор. Создан в целях развития логистического направления бизнеса холдинга РЖД. Компания является одним из лидеров российского рынка логистического аутсорсинга для промышленных предприятий, предоставляющим комплексные услуги по управлению цепями поставок.

«РЖД Логистика» обеспечивает высокотехнологичный и надежный сервис перевозки, хранения и экспедирования груза по всему миру, занимается организацией цепей поставок, комплексным логистическим обслуживанием промышленных предприятий, а также перевозками мелких партий груза.

Компания представлена в России 33 филиалами и обособленными подразделениями, пятью дочерними обществами и совместными предприятиями за рубежом. В периметре работает около 1000 человек. АО «РЖД Логистика» создана 19 ноября 2010 года в рамках развития логистического направления бизнеса холдинга «РЖД».

欢迎光临俄罗斯铁路物流公司的展位！

俄铁物流公司是独联体和波罗的海诸国境内最大的多式联运物流运营商。公司成立的目的在于发展俄罗斯铁路国立控股公司的物流业务。公司是俄罗斯市场上向工业企业提供物流外包服务的领军之一，为管理供货链提供系统的服务。

俄铁物流可在世界范围内提供高技术和可靠的货物运输、存放和货代服务，安排供货链，为工业企业提供系统的物流服务，并可从事小批货物的运输。

公司在俄罗斯境内设有33个分公司和独立部门，境外设有5个子公司和合资企业。公司员工总数约1000人。俄铁物流公司在俄罗斯铁路国立控股公司物流业务框架内成立于2010年11月19日。

4.3 视译练习参考译文

哈洽会创办于1990年，已连续成功举办了29届。2014年，在哈洽会基础上创办了中国—俄罗斯博览会（以下简称"博览会"），至今已连续举办了5届。博览会是由中、俄两国政府共同举办的国际盛事。主办单位为中华人民共和国商务部、黑龙江省人民政府、俄罗斯联邦经济发展部、工业和贸易部。博览会已成功通过全球展览业协会认证。

根据中俄总理第二十三次会晤联合公报，第六届中国—俄罗斯博览会将于2019年6月15至19日在哈尔滨国际会展体育中心举办。本届博览会以"中俄地方合作：机遇、潜力与未来"为主题。规划展览面积8.6万平方米。目前已确定以下展区：国际及港澳台馆、中俄合作馆、机电设备馆、大型机械展区等。展览内容涵盖矿产资源、现代农业、装备制造、航空航天、跨境电商、服务贸易等中俄合作主要领域的项目成果。博览会框架内将举办一系列中俄地方政府间的商务和经贸交流活动，包括俄罗斯馆开幕式，第二届中俄地方合作论坛，中俄矿业合作会议，洽谈对接、宣传推介活动等。

4.4 情境模拟参考译文

亚历山大： 您好。我是俄罗斯北极光公司的商务经理，这是我的名片。

Ли： Вы ознакомились с нашими рекламными материалами?

亚历山大： 是的，你们的员工已经给我了。

Ли： Вас заинтересовало наше новое технологическое оборудование?

亚历山大： 是的，我们为我们莫斯科工厂寻找新设备，我们需要决定该购买哪种设备。

Ли： Наше оборудование - не плохой выбор. Оно соответствует наивысшему техническому уровню и удовлетворяет строгие требования международных стандартов.

亚历山大： 在这个展览会上我看到很多类似的系统，但是你们的设备在性能上优于其他设备。

Ли： Спасибо. Если у вас будут вопросы, касающиеся конструкции нашего оборудования, вы можете обсудить их с нашим консультантом. Он вон там.

第七课　参考答案

2　口译实践

2.1　对话部分参考译文

2.1.1

李：　　　西佐夫先生，您这次打算购买多少台铣床？

西佐夫：　李先生，这取决于付款价格和供货条件。

李：　　　说到发货时间，我们在报价中已经提到了，首批十台车床可以在六个月内发出，此后每个月十台。

西佐夫：　您可以加快供货吗？

李：　　　很难，因为我们受制于我们的电器供应商。

西佐夫：　但首批十台我们三个月后需要，然后每个月十台。

李：　　　明白了，我向公司发邮件，过一两天再答复您。

西佐夫：　好的。现在来谈一下价格吧。让我惊讶的是，价格比之前贵了好多。

李：　　　西佐夫先生，这是因为固定装置改进了，采用了全新的设计。

西佐夫：　我们无法同意车床的价格，况且我们现在要订五倍多。

李：　　　所以尽管原材料价格上涨，我们也没有过多提高原价。

西佐夫：　但在您竞争对手的报价中并没有提到原材料上涨这件事。

李：　　　我会弄清楚这件事情，明天告知您我们可以提供多大的折扣。

西佐夫：　好的，我们明天再讨论剩下的问题吧，如果您不反对的话。

李：　　　毫不反对。明天见，西佐夫先生。

西佐夫：　明天见，李先生。

2.1.2

李：　　　波波夫先生，我一直期待着在北京与您会面。

波波夫：　我也是，现在贵方已经是我们的产品在亚洲最大的经销商了。

李：　　　这都亏了我们双方之间良好的信任和紧密的合作关系。

波波夫：	我知道，你们打算要求成为我们在中国的独家代理。

李：	是的。那你们是怎么想的呢？

波波夫：	我们的观点是支持的。但是要知道，你们的销售主要在北京。

李：	但是，您也知道，我们在北京、上海和成都的办事处正在陆续开业并将逐渐赢得市场。

波波夫：	当然了，我们也注意到了你们在中国其他区域的工作。

李：	除此之外，我们的研究表明，特别是城市的消费者对这些产品很感兴趣，因为城市里高收入人群更多。

波波夫：	我们知道，在人口数量的作用下，中国市场潜力很大。这意味着你们还有很多事情要做。

李：	您说的对。但是，我们的得力武器是在北京销售你们产品的经验。

波波夫：	我同意您的观点。但是要想成为独家代理，你们的订单必须足够大。

李：	我们会给你们准备一份详尽的计划，请您相信，要是我能成为你们在中国的代理，年销售量会翻一番。

波波夫：	非常好。希望你们的销售量可以飞速增长。

李：	只要你们提供全力的技术和市场支持，我们不会让你们失望的。

2.1.3

李：	今天我们到这里是想消除分歧，签订合同。

波波夫：	这些天来，我们共同讨论了合同的每一个细节。

李：	是的。我们认为，所有问题都已经妥善解决了。

波波夫：	我们非常高兴，我们之间达成了彼此都能接受的解决方案。但还剩下个小问题，应该进一步明确。

李：	是什么问题呢？

波波夫：	在合同附件3，即货物明细表中，有些商品不符合我们的要求。我们请求将它们换成别的商品。

李：	没问题。原则上同意。

波波夫：	非常好。现在我们可以签合同的。

李：	您想签今天的日期吗？

波波夫：	可以的。合同号为93CA001。

李：非常好！

波波夫：请您在每一份上签字吧。你们要几份副本？

李：我们需要三份，一份正本和两份副本。

波波夫：我们一定准备好。请允许我祝贺您签了这么大的合同。

李：也祝贺您。我们希望同贵方建立长期的合作关系。

波波夫：我方深信，我们会成为可靠忠实的好伙伴。

2.2 篇章部分参考译文
2.2.1 俄译汉

如何寻找投资人

公司和个体户可以咨询国际经济联络委员会，这些机构通常设立在市州的行政机关中。如果项目具有很好的前景和收益，委员会的工作人员会联系相应的外国公司、银行并向他们进行项目推介。如果是在大型企业中，这些工作可以由市场部来完成。对于创新型小企业来说，他们可以独立寻找潜在投资人，比如通过互联网或者在专门的写字楼中寻找。当然，可能需要一些个人人脉资源，甚至去国外出差。此外，在俄罗斯的大城市中有一些国外的商业中心，在这里同样能够获得需要的信息，比如在圣彼得堡就有美国商务中心、德国之家等机构。这样的部门一般设立在外国领事馆中。

2.2.2 汉译俄

Уважаемые дамы и господа, позвольте представить вам руководителя китайской делегации – господин Чжоу Юньшэн. Благодаря вашей поддержке, господин Чжоу, происходит наша сегодняшняя встреча, за что от имени российских участников я хотел бы выразить вам нашу сердечную благодарность.

А теперь, уважаемые коллеги, позвольте представить вам российских участников предстоящие переговоры.

Госпожа Татьяна Петровна Иванова – единственная женщина, принимающая участие в наших переговорах с российской стороны. Татьяна Петровна является руководителем отдела международных молодёжных связей нашей администрации. В связи с этим можно надеяться, что наше будущее в надежных руках.

С удовольствием представляю вам одного из инициаторов нашей сегодняшней встречи – представителя нашей законодательной власти господин Юрий Михайлович Андреев, он – председатель комитета по сельскому хозяйству нашей Областной думы.

Господин Сергей Александрович Медведев – гендиректор ЗАО «Огород Поволжья», наш главный овощевод на Нижней Волге. Он проявляет большую заинтересованность в установлении деловых контактов с китайскими коллегами. У него, на мой взгляд, есть несколько перспективных деловых предложений нашим зарубежным партнерам.

4 口译实操部分参考译文

4.1 听译参考译文

1) Предложение требует вашего подтверждения.

报价需要你方的确认。

2) Мы тщательно изучили ваше предложение и считаем, что такая цена для нас невыгодна.

我们仔细研究了你方的报价后认为，这个价格我们无利可图。

3) При разработке бизнес-плана необходимо учитывать динамику цен на сырье и перевозку.

做商务计划时务必要考虑到原料和运费价格的变化。

4) К сожалению, мы вынуждены отклонить предложенные вами изменения договора.

很遗憾，我们不得不否定对方提出的合同变更条款。

5) Предлагаю отложить обсуждение вопроса о поставках оборудования на завтра.

我建议将设备供货问题的讨论推迟到明天。

6) 请把我们谈妥的事项列入合同里。

Внесите в контракт те пункты, по которым мы договорились.

7) 你们打算什么时候签署合同？

Когда вы предполагаете подписать контракт?

8) 在一个星期内我们给你们准备好合同草案。

В течение недели мы подготовим вам проект контракта.

9) 我们希望第一批货物能在签订合同后一个月内发运。

Мы надеемся, что первая партия товаров будет отгружена в течение месяца со дня подписания договора.

10) 我想了解一下与合同技术部分有关的几个问题。

Мы хотели бы выяснить несколько вопросов, связанных с технической частью контракта.

4.2 影子练习（笔记法练习）参考译文

Наша компания была основана в 1988 г., штаб-квартира находится в Шанхае. После почти 30-летнего развития она занимает лидирующее место на китайском рынке. Компания завоевала доверие и положительные отзывы у клиентов благодаря своим блестящим традициям, обширным возможностям, выдающемуся научно-исследовательскому коллективу, специфическому методу управления и безупречной репутации.

Компания специализируется на внешней торговле, занимаясь в основном импортом и экспортом автомобильных запчастей. Компания поддерживает различные формы торговли, периодически организует технический обмен в области импортных и экспортных товаров, предоставляет информацию о торговле товарами. С момента основания компания быстро развивается, ежегодно наблюдается значительный рост объема торговли, непрерывно расширяется зарубежный рынок и достигнуты значительные успехи в экономическом и техническом сотрудничестве. Торговые отношения налажены между компанией и более чем 40 странами и регионами мира, общее количество торговых партнеров достигло 200, которые расположены на 5 континентах мира.

Компания открыла свое представительство в Москве, в котором я работаю представителем компании в Москве. Наш двухкомнатный офис находится на 14-м этаже гостиницы «Дружба». У нас также работает переводчик и секретарь по имени Чжан Минь. Мы поддерживаем деловые отношения со многими российскими компаниями.

我公司创建于1988年，公司总部设在上海。经过近三十年的发展，在中国市场占有领先地位。我公司以优良的传统、雄厚的实力、优秀的科研队伍、独具特色的经营方式以及良好的信誉赢得了用户的信任和好评。

公司专门从事外贸业务，主要经营汽车配件进出口。公司开展多种灵活的贸易形式，定期组织进出口商品技术交流，提供商品交易信息。自公司成立以来，业务发展很快，贸易额逐年大幅度增长，海外市场不断扩大，对外经济技术合作也取得了可喜的成就。公司已经与四十多个国家和地区建立了贸易关系，客户达两百多家，遍及世界五大洲。

公司在莫斯科设有办事处。我担任公司驻莫斯科代表。我们的办公地点设在"友谊"酒店十四层，有两个房间。我们有一位翻译兼秘书，她叫张敏。我们和俄罗斯许多公司都有长期的业务往来。

4.3 视译练习参考译文

对M-100型成套设备的询价

尊敬的先生们：

我方欲购买贵公司M-100型成套设备。希望贵公司在收到本询价一个工作周内就可否提供此种机器予以答复，我们将不胜感激。此次我们将拟试定50台。

我们希望在最短的时间内订货。请提出可能的最低价格和贵方最能接受的供货条件及支付条件。

顺致

敬意

日期

回复M-100型成套设备询价

尊敬的先生们：

感谢您3月5日发来的有关我方M-100型成套设备的询价。我们可以向贵方提供50台M-100型成套设备，价格为150 000欧元/台，条件为CIF天津港。待发运货物的全额货款根据保兑的不可撤销信用证支付，该信用证由我方在俄罗斯联邦外贸银行通过莫斯科人民银行北京分行开立。设备可于收到贵方购买确认四个月内供货。我方报价自本邮件发出之日起两个月内有效。

　　顺致

　　敬意

日期

4.4　情境模拟参考译文

安东诺夫：　早上好，李先生。我今天到你们这里来是想讨论一下设备价格的问题。

李：　Добро пожаловать, господин Антонов! Садитесь, пожалуйста. Вы уже ознакомились с нашим предложением?

安东诺夫：　是的，您的报价是10万美元一台。

李：　Да, как вам эта цена?

安东诺夫：　我认为，这个价格太高了。现在来自土耳其的同类设备在俄罗斯也很畅销，价格也更低，大概在8万到9万美元之间。我们已经合作五年多了，您的设备在俄罗斯广受好评，但是恐怕其他生产商要超越我们了。

李：　Качество нашего оборудования лучше, поэтому цена, конечно, выше.

安东诺夫：　我理解。这也是我们为什么继续进口您的设备的原因。但是其他厂商的设备质量与你们相仿，价格却低10%-20%。我希望您的价格可以更有竞争力一点。

李：　Ну что ж, ради бизнеса, мы готовы пойти на уступки. Что вы скажете, если мы снизим цену на 2%,

安东诺夫：　您在开玩笑吗？2%和10%-20%没有可比性。

李：　Вы хотите, чтобы мы снизили на 10%-20%?

安东诺夫：　不需要那么多，但是至少要6%。

李：　Извините, мы этого не можем обещать, максимально - на 4%.

安东诺夫：　好吧，我需要向公司发邮件确认一下。

李：　Хорошо, жду вашего ответа.

第八课　参考答案

2　口译实践

2.1　对话部分参考译文

2.1.1

李雷：　尊敬的各位来宾、老师们、同学们、朋友们,大家晚上好!感谢大家来到黑龙江大学参加2020年全国高校俄语大赛。

韩梅：　本次大赛是由中华人民共和国教育部主办、黑龙江大学承办。

李雷：　大赛共有来自全国151所院校的392人参加,将产生一等奖3名、二等奖19名、三等奖38名。

韩梅：　为期两天的比赛已近尾声,今晚我们将迎来最激动人心的时刻。

李雷：　下面请允许我宣布2020年全国高校俄语大赛颁奖晚会正式开始!

韩梅：　首先,掌声有请黑龙江大学付校长上台发言。

李雷：　谢谢付校长。各位来宾,让我们一起来回顾一下这两天比赛的精彩片断,请看大屏幕。

韩梅：　现在宣布大赛三等奖的获奖者。让我们掌声有请黑龙江大学俄语学院孙院长上台,为获得三等奖的同学们颁奖!

（二等奖,一等奖同上）

李雷：　恭喜各位获奖的同学!

韩梅：　各位来宾、老师、同学们,2020年全国高校俄语大赛到此就告一段落了。我们祝贺所有获奖同学,也感谢所有参与比赛过程的老师、同学,感谢所有参与此次大赛的工作人员!

李雷：　谢谢大家!我们来年再会!

2.1.2

A：　早上好,休息得怎么样?

B：　挺好的,谢谢。宾馆很舒服。

A: 我给您带来了会议邀请函。会议将于11月20日上午10点在东湖国际会议中心举办。

B: 好的。举办地点远吗?

A: 不远的。别担心。当天我们会为您安排好一切的。

B: 谢谢。您有会议日程表吗?

A: 是的,请看。

B: 我是第三个发言,对吗?

A: 是的,您在我们的市长后发言。需要注意的是,您需要从舞台左侧上台,右侧下台。发言人之间会有间隔。

B: 明白了。请问我的发言时间是多长呢?

A: 每位发言人限时20分钟。

B: 非常好,很合适。

A: 对了,发言时您需要演示或者播放视频吗?如果需要的话,您需要在会议开始前把自己的演示材料带到视听演播室。

B: 好的,这是我的U盘。上面有我的演示。您能帮我转交吗?

A: 当然。演讲时您需要稿子吗?

B: 不需要,谢谢。似乎一切都已妥当。

A: 非常好,到时候见。

2.1.3

A: 经过激烈而卓有成效的讨论后,大会终于圆满结束。

B: 是的,衷心感谢湖北省人民政府的大会组织工作。

A: 中华人民共和国外交部和国家文物局也对此次大会非常看重,给予了一切可能的帮助。

B: 是的。俄罗斯驻华大使馆也积极地促进此次大会的开展。

A: 非常高兴贵代表团能在百忙之中来到我们的城市参加这次大会。

B: 哪里,参加本次大会是我们的荣幸。

A: 借此机会,请允许我代表湖北省人民政府对您和您的同事表达衷心的感谢。

B: 不客气。将万里茶道纳入世界文化遗产名录是我们的梦想,希望它早日实现。

A: 一定会的。我们定竭尽全力推进相关工作的进展。

B: 与你们合作非常开心。这是我们宝贵的经验。

A: 谢谢您的努力。这次大会只是我们共同协作的开端。

B: 是的，虽然本次大会已经短暂结束，但珍贵的友情必将永存。

A: 未来我们希望和俄方一道共同努力，继续推动该项工作的顺利进展。

B: 让我们携起手来，实现我们共同的梦想吧！谢谢！

2.2 篇章部分参考译文
2.2.1 俄译汉

尊敬的俄罗斯公民！亲爱的朋友们！我们即将迈入2019年。充实且忙碌的十二月即将过去，我们在月内解决了燃眉之急，拟订了来年计划，为欢度佳节做好了准备。而现在我们满怀希望又迫不及待地期待新年的到来。我们看着孩子们热切的眼神，感受到父母和祖辈的喜悦，若这一刻阖家团聚，亲人的内心会因体贴和关怀倍感温暖。

我们知道，这就是新年的魔力，它因内心慷慨而存在。这种慷慨，无论过节与否，都是被需要的，尤其当我们去帮助那些需要帮助的人时。对于那些孤身一人或身患疾病的人，即使无法亲身体会他们的痛苦，慈悲心也总会唤起人们乐善好施、给予同情。

亲爱的朋友们！我们都有着各自的期许，总是希望亲人健康，家庭和睦，孩子欢愉，梦想成真。

在新年来临之夜，我们就像童年时一样，许下愿望，等待幸运和成功，望有所实现。然而，我们确切地知道，只有通过自己努力、大家共同的努力奋斗，才可以为自己、为家人、为祖国创造更好的未来。

在经济、科学技术、健康、教育及文化等领域，我们都面临着许多紧迫的挑战。最主要的挑战是逐步提升民众福利和生活质量。让所有的俄罗斯公民在即将到来的一年能感受到有好的变化。只有我们团结起来才能创造这一切。

我们过去没有帮手，将来也会自力更生。因此，对于我们来说成为一支有凝聚力的、统一的、强大的队伍是非常重要的。让亲密的友谊和美好的祝愿将我们团结在一起，伴随着我们走向未来，助力我们的事业，实现我们的共同目标。

亲爱的朋友们！距离2019年只剩下不到一分钟。让我们祝所有身边的人幸福，对所有亲近的人送上最温暖的话语，感谢父母温柔又有力地拥抱孩子，对彼此敞开心扉。

当数百万人感受到这种温暖时，世界将充满爱与信任。衷心祝愿大家幸福快乐，祝愿我们的祖国，伟大的俄罗斯繁荣昌盛。祝大家节日快乐，2019年新年快乐！

2.2.2 汉译俄

Мы едины в том, что динамично развивающийся мир в настоящее время переживает период крупных перемен и серьезной перенастройки, углубленно развивается процесс многополярности и экономической глобализации, более тесными становятся связи между странами. Вместе с тем, процесс восстановления мировой экономики идет негладко и извилисто, жгучие точки международной и региональной повестки дня вспыхивают то здесь, то там, перед всеми странами стоят многочисленные общие угрозы и вызовы, ни одна страна в одиночку не в силах справиться или избавиться от них. Только при наращивании сплоченности и взаимодействия, углублении партнерских отношений, основанных на мире и сотрудничестве, равенстве, открытости и инклюзивности, всеобщем выигрыше и совместном использовании плодов, все страны смогут достичь долгосрочной стабильности и развития.

Мы единодушно считаем, что безопасность является краеугольным камнем устойчивого развития Шанхайской организации сотрудничества. Стороны будут придерживаться концепции неделимой, комплексной, основанной на сотрудничестве, устойчивой безопасности, должным образом реализовывать Шанхайскую конвенцию о борьбе с тремя силами зла, Конвенцию против терроризма и Конвенцию по противодействию экстремизму, углублять обмен антитеррористической информацией и совместные операции, укреплять соответствующую правовую основу и собственный потенциал, вести эффективную борьбу с тремя силами зла, наркотрафиком, транснациональной организованной преступностью и киберпреступлением, выявлять роль Контактной группы Шанхайская организация сотрудничества - Афганистан с целью совместно отстаивать безопасность и стабильность в регионе.

Мы единогласно отмечаем закономерность и необратимость экономической глобализации и региональной интеграции. Необходимо защищать авторитетность и действенность правил ВТО, укреплять открытую, инклюзивную, прозрачную, недискриминационную и основанную на правилах многостороннюю торговую систему, противостоять протекционизму в любых его проявлениях. Оставаясь приверженными принципам взаимной выгоды и всеобщего выигрыша, стороны будут совершенствовать устройство регионального экономического сотрудничества, усиливать совместную работу по строительству "Одного пояса и одного пути" и его сопряжение с другими стратегиями развития, углублять взаимодействие в торгово-экономической, инвестиционной, финансовой, сельскохозяйственной сферах, а также в области укрепления взаимосвязанностей, впредь создавать благоприятные условия для торговли и инвестиций с целью открытия новой архитектоники в развитии региональной интеграции на благо народов стран региона, а также для придания нового импульса развитию мировой экономики.

Мы единогласно подчеркиваем, древняя история и блестящая культура различных стран сливаются в общее богатство человечества. Стороны подтвердили готовность на основе взаимного уважения многообразия культур и социальных ценностей продолжить как многостороннее, так и двустороннее плодотворное сотрудничество в таких сферах, как культура, образование, наука и техника, охрана окружающей среды, здравоохранение, туризм, СМИ и спорт, а также по линии молодежи в целях содействия взаимообогащению культур и укреплению взаимопонимания народов.

4 口译实操部分参考译文

4.1 听译参考译文

1）От лица Российской Федерации хотел бы поприветствовать всех собравшихся в зале на церемонии открытия первой Китайской международной импортной выставки.

我谨代表俄罗斯联邦，向所有出席首届中国国际进口博览会的嘉宾表示欢迎。

2）Российско-китайские отношения характеризуются высокой динамикой развития, активными контактами на всех уровнях и являются образцом наиболее стабильных, здоровых, зрелых и прочных связей между странами в современном мире.

中俄关系在各水平上蓬勃发展，联系紧密，是当今世界国与国之间稳定、健康、成熟和牢固关系的典范。

3）Мы искренне признательны китайской стороне за приглашение России участвовать в таком представительном форуме в почётном статусе страны-партнёра.

我们诚挚地感谢中方邀请俄方以主宾国的身份参加如此具有代表性的论坛。

4）Мировая экономика может по-настоящему устойчиво развиваться только тогда, когда все страны имеют к ней доступ, к плодам её процветания и развития.

只有所有国家都有机会参与和共享繁荣与发展，世界经济才能真正实现可持续发展。

5）2019 – год особый и для российско-китайских отношений. 1 октября будет отмечаться 70-летие с момента образования КНР, а уже на следующий день, 2 октября, исполнится 70 лет со дня установления дипломатических отношений между нашими странами.

2019年对于俄中关系具有特殊意义。10月1日是新中国成立70华诞。第二天，也就是10月2日，将迎来俄中建交70周年。

6）很高兴出席第二十二届圣彼得堡国际经济论坛。

Очень рад присутствовать на 22-ом Петербургском международном экономическом форуме.

7）中国将坚定不移实施互利共赢的对外开放战略。

Китай будет неуклонно претворять в жизнь стратегию внешней открытости на основе взаимной выгоды.

8）今年是圣彼得堡建城315周年，我在此向圣彼得堡人民表示热烈祝贺。也预祝本届论坛取得圆满成功！

Пользуясь случаем, хотел бы сердечно поздравить петербуржцев с 315-летием основания города, пожелать огромных успехов Форуму!

9）我们将积极推动共建"一带一路"，继续推动构建人类命运共同体，为建设一个更加繁荣美好的世界而不懈努力。

Мы продолжим прилагать все усилия в продвижении совместного строительства «Одного пояса и одного пути», продолжим работу по формированию сообщества единой судьбы человечества и созданию более процветающего и прекрасного мира.

10）发展是各国共同的主题，而不是一方赢另一方输的零和游戏，需要大家共同努力，做大蛋糕，分享成果。

Развитие – общая задача для всех стран, а не игра с победившей и проигравшей сторонами. Для развития важно вместе укреплять общность интересов и делиться достижениями.

4.2 影子练习（笔记法练习）参考译文

С большой радостью собираемся здесь, на берегу Желтого моря в городе Циндао провинции Шаньдун. Прежде всего, разрешите от имени правительства и народа Китая, а также от себя лично, сердечно приветствовать всех вас, лидеров государств и руководителей международных организаций, прибывших в Китай на Заседание Совета глав государств-членов ШОС, и всех уважаемых гостей!

Шаньдун – родной край Конфуция и родина конфуцианства. Конфуцианство как важная составляющая китайской цивилизации проповедует наивысший человеческий идеал – этот мир принадлежит всем и все страны должны были бы жить в мире и согласии, помогать друг другу и быть дружными как члены одной большой семьи. Согласитесь, данная теоретическая концепция о гармонии и сотрудничестве имеет много общего с «шанхайским духом», характеризующимся взаимным доверием, взаимной выгодой, равенством, взаимными консультациями, уважением к многообразию культур и стремлениями к совместному развитию. Согласно этому духу необходимо ставить на приоритетное место поиски общего при сохранении разногласий, вести взаимовыгодное сотрудничество. Вот почему «шанхайский дух» пользуется широким признанием и поддержкой в международном сообществе.

Руководствуясь «шанхайским духом», Организация не только получила плоды сотрудничества в сфере безопасности, в экономической и культурно-гуманитарной областях, но и сделала исторически важный шаг вперед в институциональном строительстве. Сегодня в состав ШОС входят 8 государств-членов, 4 государства-наблюдателя и 6 партнеров по диалогу. Она стала важной силой для обеспечения региональной безопасности, содействия совместному развитию и совершенствования глобального управления.

很高兴同各位相聚在黄海之滨的山东青岛。首先，我谨代表中国政府和中国人民，并以我个人的名义，对来华出席上海合作组织成员国元首理事会会议的各国领导人和国际组织负责人，对各位来宾，表示热烈的欢迎！

山东是孔子的故乡和儒家文化发祥地。儒家思想是中华文明的重要组成部分。儒家倡导"大道之行，天下为公"，主张"协和万邦，和衷共济，四海一家"。这种"和合"理念同"上海精神"有很多相通之处。"上海精神"坚持互信、互利、平等、协商、尊重多样文明、谋求共同发展，强调求同存异、合作共赢，在国际上获得广泛认同和支持。

在"上海精神"引领下，本组织不仅在安全、经济、人文等合作领域取得丰硕成果，在机制建设方面也迈出历史性步伐。如今，上海合作组织拥有8个成员国、4个观察员国、6个对话伙伴，是维护地区安全、促进共同发展、完善全球治理的重要力量。

4.3 视译练习参考译文

今天，上海合作组织是世界上幅员最广、人口最多的综合性区域合作组织，成员国的经济和人口总量分别约占全球的20%和40%。上海合作组织拥有4个观察员国、6个对话伙伴，并同联合国等国际和地区组织建立了广泛的合作关系，国际影响力不断提升，已经成为促进世界和平与发展、维护国际公平正义不可忽视的重要力量。

上海合作组织始终保持旺盛生命力、强劲合作动力，根本原因在于它创造性地提出并始终践行"上海精神"，主张互信、互利、平等、协商、尊重多样文明、谋求共同发展。这超越了文明冲突、冷战思维、零和博弈等陈旧观念，掀开了国际关系史崭新的一页，得到国际社会日益广泛的认同。

4.4 情境模拟参考译文

Уважаемые товарищи, друзья, дамы и господа!

Приветствую вас! Вскоре наступит 2021 год. Находясь в Пекине, направляю всем вам наилучшие поздравления с Новым годом!

2020 год был годом крайне непростым. Столкнувшись с внезапно вспыхнувшей эпидемией коронавируса, мы продемонстрировали нашу волю и любовь к жизни, придерживаясь принципов «человек превыше всего, жизнь превыше всего», сотворили эпос борьбы с пандемией, наполненный непоколебимой волей и стремлением к победе. В ходе всеобщей борьбы с трудностями мы понимали и чувствовали твёрдость в продвижениях на фронте борьбы, упорно отстаивали достижения, понимали первостепенную важность в совместном преодолении бедствий и горестей, возложили на алтарь победы героические жертвы, стали свидетелями взаимной помощи. От ангелов в белых халатах до воинов - сынов отечества, от научных сотрудников до общественных работников, от добровольцев до строителей, от стариков старше 70 лет до молодого поколения, родившихся после 90-ых годов и после 2000 года. Бесчисленное количество людей посвятили свою жизнь важной миссии, своей искренней любовью отстояли жизни других. Небольшие усилия каждого превратились в мощную силу, в нерушимую стену защиты жизни. Все без исключения и без колебаний, сердце к сердцу, плечом к плечу, каждая трогающая душу сцена продемонстрировала великий дух борьбы с эпидемией. Истоки великолепия в простоте, а герои исходят из народа. Каждый из них заслуживает восхищения! Выражаю сочувствие каждому заразившемуся, посылаю слова уважения каждому народному герою! Я горжусь нашей Великой Родиной и нашим народом, нашим крепким и развивающимся национальным духом!

尊敬的俄罗斯公民们！亲爱的朋友们！

几分钟后，2020年即将结束。

整整一年前，我们和全世界的人一样迎接它，当然，我们思考和期待着美好的变化。那时，谁也不会想到，我们所有人将经受怎样的考验。现在觉得，即将过去的一年，承载着数年的负担。这一年，对我们每个人来说都是困难的，伴随着恐慌、沉重的物质困境和焦虑，对有的人来说，还是痛失亲友的一年。

但毫无疑问，即将过去的一年，也伴随着克服困难的希望，以及对展示出的最佳人道精神和职业素养的自豪。我们意识到，人与人之间的可靠、真诚的真正关系，我们之间的友谊和信任是多么重要。

这一年，我们像尊崇自己祖先传统的全体人民一样，有尊严地一起走过。这些价值观有：在我们心中、我们性格中和行为中的勇敢、同情心和仁慈。

第九课　参考答案

2　口译实践

2.1　对话部分参考译文

2.1.1

A：尊敬的卢基扬采夫先生，您好！感谢您能在百忙之中抽出时间来拜访我校。

B：我也非常高兴与诸位交流思想，加深了解。

A：现在，请允许我简短地向您介绍一下我们学校。

B：好的，请讲。

A：武汉大学是教育部直属重点高校之一，环绕东湖水，坐拥珞珈山。

B：确实是非常漂亮的校园，我第一眼就已经爱上它了。

A：谢谢您的夸奖，说到武汉大学的历史，可以溯源至1893年创办的自强学堂。并且，如今我校涵盖了经济、理科、医学等11个学科门类。

B：武汉大学历史悠久，实力雄厚，吸引了很多俄罗斯和其他国家的留学生。

A：是的，武汉大学与众多俄罗斯高校已经有多年的合作。

B：衷心希望武汉大学继续和俄罗斯高校保持交流，为两国合作与发展做出贡献。

A：借此机会，我想向您表达一个愿望，希望能够在"俄语世界"基金会的支持下在武汉大学开设俄语中心，促进中俄两国学术和教育的进一步交流。武汉大学也愿意帮助俄罗斯的高校设立孔子学院，开展汉语教学。谢谢。

B：太好了！我会转告俄罗斯大使杰尼索夫先生，并尽快给您回复。谢谢！

2.1.2

A：尊敬的中国朋友们，欢迎你们来到美丽的喀山参加此次会谈。

B：谢谢你们的热情接待。非常高兴能在这里与你们相见。我们开始吧。

A：关于俄中高校校长论坛，我们希望创新举办方式，以便更好地发挥它的功能。

B：同意您的观点。关于这个我们也有一些想法和你们分享。

A: 我们认为，俄中之间的深厚友谊、睦邻友好和合作的最重要组成部分是后代的教育，是共同培养未来一代。

B: 非常对。因此我们计划在2021年前把交换生数量提升至10万人左右。

A: 很好。除此之外，我想要强调的是，俄中高等教育有效合作的典范之一是深圳北理莫斯科大学的创建。

B: 是的，我们期待探讨更多的高校合作办学模式。

A: 2020、2021年是俄中科技创新年，希望我们把握住这次机会。

B: 当然，希望可以把中俄间产、学、研领域的合作有效结合起来。

A: 完全同意。似乎所有主题都已经谈到了。

B: 好的。我们相信，凭借我们丰富的合作经验，谈判一定会顺利进行。

A: 非常期待我们对各具体问题进行详谈。

B: 我们也是。

2.1.3

记者： 您认为俄罗斯的大学是否已经完成了向远程学习的过渡？

教授： 我相信各大高校在紧急情况下已经解决了这一问题。经过这一时期，远程教育的作用及其潜力必然会增强。

记者： 在疫情大流行之后是否可能不再需要传统形式的大学？

教授： 我认为这个想法是无法实现的，而且不太可能发生。因为大学教育不仅仅是吸收知识，也是人格形成的过程，很多情感、精神力量都参与其中。

记者： 也就是说，您认为学习过程中人与人之间的碰撞是必不可少的？

教授： 完全正确。这首先是与同学、老师的沟通，除此之外，还要研读书籍，独自进行深入的思考。

记者： 新冠病毒如何影响科学研究？

教授： 冠状病毒迫使人们对基础科学进行更深入的研究。许多研究中心都在从事新药的研发，不可避免地需要使用数学、用于多方案分析的人工智能和超级计算。

记者： 您认为新学期将会远程上课还是正常上课？

教授： 我认为会是正常上课。如果以数学家的眼光看待这种情况，那么我认为我们很快就会达到一个平稳状态，感染者的数量将会减少。

记者： 您对学生和老师们有什么祝愿？

教授： 我希望可以像以前那样和学生保持高水平的沟通。我们将共度时艰。一切都会好起来的。

2.2 篇章部分参考译文
2.2.1 俄译汉

圣彼得堡国立大学是俄罗斯最古老的高校之一，1724年根据彼得大帝的命令建立。圣彼得堡国立大学是欧洲五大高校、世界十大高校之一。俄罗斯联邦政府曾命令赋予圣彼得堡国立大学以国宝级高校的地位。

校内有约30000名来自世界十多个国家的学生就读于此。学校教授—教师队伍人数超过12000人。圣彼得堡国立大学不仅是俄罗斯最大的学府，也是最大的科研中心。

语文系的前身——历史和文学系成立于1819年。系内曾包括俄罗斯文学教研室。1850年，历史语文部改为历史语文系，1917年，又改组为学校的师范学院。1937年，在已有的历史语言学系的基础上成立了语文系。

目前，语文系是俄罗斯乃至世界最大的语言系。这是一个现代化的、快速发展的教学和科研中心，为教学、翻译、科研和出版事业培养语文学专业人才。

该系坐落于圣彼得堡市大学河岸街的历史建筑内，是市内最美的地方之一。

系内约有2500名本科生和博士生。教学中使用最新的教学技术，包括计算机、视频设备、多媒体教学设备等。

该系包括18个教研室，共有约500名在编职工。系内有外国教师，开设讲座和实践课程。

语言和文学方向学生在以下教研室进行专业性学习：俄语教研室、俄罗斯文学史教研室、斯拉夫语文学教研室、通用语言学教研室、语音学和外语教学法教研室、英语和语言文化学教研室、英语和翻译教研室、罗马语教研室、德语教研室、斯堪的纳维亚和荷兰语教研室、芬兰—乌戈尔语教研室、古典语文学教研室、外国文学史教研室、数学语言学教研室和圣经学教研室。

2.2.2 汉译俄

11 сентября во Владивостоке стартовал Восточный экономический форум. В рамках мероприятия Министр просвещения Российской Федерации О. Ю. Васильева встретилась с заместителем Министра образования Китайской Народной

Республики Тянь Сюэцзюнь.

Стороны обсудили развитие сотрудничества в сфере образования и изучения русского и китайского языков.

В ходе диалога О. Ю. Васильева отметила, что российская сторона «дорожит традициями дружбы и активной совместной работы» с Министерством образования Китайской Народной Республики.

– Благодарю Вас за инициативу подготовки Меморандума между нашими Министерствами по вопросам оздоровления и отдыха детей. Совместно с МИДом России мы ведем активную работу, которая позволить запланировать подписание уже в рамках заседания Российско-Китайской Комиссии по гуманитарному сотрудничеству, намеченного в октябре этого года в Москве, – сообщила Ольга Юрьевна.

О. Ю. Васильева отметила взаимный интерес к изучению русского и китайского языков.

– Очевидно, что интерес к изучению русского языка в Китае и китайского языка в России только нарастает. В прошедшем году его учили более 19 тысяч школьников в 130 школах. В Китае создана и активно функционирует развитая инфраструктура и система мероприятий, позволяющая развивать изучение русского языка – это деятельность Китайской ассоциации преподавателей русского языка и литературы, двадцати двух центров и кабинетов русского языка при вузах, Российского центра науки и культуры в Пекине. В наших странах разработана качественная система тестирования по русскому и китайскому языку. С 2019 года китайский как пятый иностранный язык по выбору войдёт в систему государственной итоговой аттестации в российских школах, – заявила Министр просвещения.

4　口译实操部分参考译文

4.1　听译参考译文

1）Московский государственный университет имени Ломоносова — одно из самых крупных и престижных учебных заведений страны.

国立莫斯科罗蒙诺索夫大学是国内规模最大、名望最高的学府之一。

2）Мы работаем над расширением нашего сотрудничества с Китаем в области культуры, образования, науки, туризма, спорта и молодежных обменов.

我们致力于扩大中俄两国在文化、教育、科学、旅游、体育和青年交流领域的合作。

3）Механизм гуманитарных обменов сильно содействует сотрудничеству между китайскими и российскими вузами.

中俄人文交流机制极大地推动了中俄高校间的合作。

4）В настоящее время в университете по программам бакалавриата и магистратуры обучаются 518 человек.

目前校内共有518名本科生和硕士研究生。

5）Активно используются современные информационные технологии в учебном процессе и научных исследованиях.

现代信息技术被积极运用于教学和科研中。

6）我方提议与贵校建立合作。

Мы предлагаем создать сотрудничество с вашим университетом.

7）我想简单介绍一下我校俄语系的情况。

Хотел бы коротко рассказать о факультете русского языка нашего университета.

8）俄语系共有9名教师，其中2名教授、3名副教授、4名讲师。

На факультете русского языка работает всего 9 преподавателей, среди которых 2 профессора, 3 доцента и 4 старших преподавателя.

9）我校成立于1949年，是第一批从事俄语教学的高校之一。

Наш университет был основан в 1949 г. и был одним из первых вузов, занимавшихся преподаванием русского языка.

10）中俄高校可以分享优质的教育资源、高水平的教育和科研经验。

Российские и китайские вузы могут обмениваться друг с другом лучшими ресурсами, образовательным и научно-исследовательским опытом.

4.2 影子练习（笔记法练习）参考译文

Обмены и сотрудничество в области образования между Китаем и Россией начались с 1689 года, когда был подписан «Нерчинский договор». После образования Китайской Народной Республики, одной из главных задач государства стала подготовка специалистов в науке, строительстве и управлении. Система образования КНР была основана на опыте СССР в системе образования. Обмены и сотрудничество в данной области между двумя странами росли с каждым годом. Но дальнейший советско-китайский раскол оказал значительное влияние на обмены в сфере образования двух стран. Однако сейчас после распада СССР, с созданием и развитием китайско-российских всесторонних отношений стратегического взаимодействия и партнёрства, сотрудничество и обмены в области образования между Китаем и Россией непрерывно расширяются и углубляются, а их содержание становится богаче.

中俄教育合作始于1689年《尼布楚条约》的签订。新中国成立后，国家的主要任务之一是培养科学、建筑和管理人才。中国教育体系是借鉴苏联的教育体系建立的。两国间在该领域的交流合作逐年增强。之后的中苏关系破裂对两国教育交流造成了很大影响。但是苏联解体后，随着中俄全面战略协作伙伴关系的建立和发展，中俄教育交流和合作不断扩大和加深，内容也更加丰富。

4.3　视译练习参考译文

俄罗斯人民友谊大学是1960年2月5日苏联政府决定成立的。

为表彰学校在亚洲、非洲及拉丁美洲各国人才培养中做出的功绩，1975年2月学校被授予"人民友谊勋章"。

俄罗斯人民友谊大学目前是俄罗斯重点国立高等教学机构之一。人民友谊大学是重要的教学和科研中心，在国内外享有很高的声誉。

人民友谊大学具有欧洲综合性大学院系专业学科多的结构特点。目前有10个系含47个方向和专业：工程系、医学系、物理—数学及自然科学系、法律系、语言文学系、人文科学和社会科学系、农业系、生态系、外语系和基础教育学科系。

人民友谊大学拥有设备完善的大学城，大学城内有20多座设施齐全的建筑，如国际俱乐部、医院、出版社、商业中心和体育馆等等。

4.4　情境模拟参考译文

Профессор Ван:　Здравствуйте, господин Сергеев, очень рад вас видеть! Вчера вы

	прекрасно выступили на форуме!
谢尔盖耶夫：	您好，王教授！谢谢夸奖，我也听了您的发言，非常有建设性。
Профессор Ван：	Спасибо. Тогда давайте приступим к делу. Сначала хотел бы коротко рассказать вам о факультете русского языка нашего университета.
谢尔盖耶夫：	好的。
Профессор Ван：	Факультет русского языка нашего университета был создан в 1985 г. и являлся одним из первых факультетов университета. В 1997 г. получили право на подготовку магистров, в 2010 г. начали принимать аспирантов, а в 2015 г. был основан пункт пост-докторов.
	На нашем факультете работает всего 12 преподавателей, среди которых 4 профессора, 5 доцентов и 3 старших преподавателя. Большинство преподавателей учились за рубежом и имеет ученую степень доктора наук. Наши преподаватели издали ряд научных монографий.
	На данный момент на факультете обучается больше 80 студентов. Ежегодно мы принимаем 20 человек. Срок обучения – 4 года. Кроме того, каждый год принимаем около 10 магистрантов и аспирантов. Студенты нашего факультета много раз получали премии на китайских конкурсах по русскому языку, а также работали переводчиками на разных крупных мероприятиях. Выпускники нашего факультета трудоустраиваются в крупные компании, вузы или государственные учреждения.
谢尔盖耶夫：	感谢您的详细介绍，让我对俄语系有了更为深入的了解。我本人对与贵校合作非常感兴趣。我相信，两校在共同培养学生、举办学术会议等领域一定可以达成互利的合作。
Профессор Ван：	Да. Сейчас будет обеденный перерыв. Мы уже подготовили Меморандум о сотрудничестве. Давайте подробнее обсудим направления и сферы сотрудничества после обеда.
谢尔盖耶夫：	好的。

第十课　参考答案

2　口译实践

2.1　对话部分参考译文

2.1.1

警察：　您最近一次的入境时间？入境口岸？以什么方式来华的？

外国人：　2019年5月12日，乘飞机从广州白云机场入境，然后来到深圳市。

警察：　请告诉我们您的电话号码和在华住址。

外国人：　电话号码13912345678，住址：深圳市南山区丽苑小区9号楼1202。

警察：　您的家庭成员情况？

外国人：　爸爸妈妈，两个哥哥和一个妹妹。

警察：　您本人在华的经历？

外国人：　我本科毕业于中国的北京语言大学，毕业后来到深圳，之后便一直留在这里。

警察：　您来华期间是否受过刑事处罚、行政拘留等情况？

外国人：　没有。

警察：　您为什么会到培训机构当老师？您的工作内容是什么？

外国人：　我是经中国朋友推荐，到现在的培训机构任俄语外教。我在培训机构里给学生们上课，陪他们练习口语，我才做没多久，其他什么也没做。

警察：　您为何不办理工作许可和工作类居留证件？

外国人：　我不知道这是违法的，朋友说这样没关系，只要不被警察找到就可以，我也想着太麻烦，就没有去办。

警察：　根据《中华人民共和国出境入境管理法》第四十一条第一款之规定，外国人应当按规定申请工作许可和工作类居留证件，您当前从事的工作已经属于非法就业。根据《中华人民共和国出入境管理法》第八十条规定"外国人非法就业的，处5000元以上20000元以下罚款；情节严重的，处5日以上15日以下拘留，并处5000元以上20000元以下罚款"。

外国人：	我不知道这是违法的，如果知道我肯定不会做的。
警察：	法律就是法律，既然您在中国，就要遵守中国的法律。任何人都不能凌驾于法律之上。

2.1.2

外国人：	您好！我想问一下有没有人拾到一本护照交过来？
工作人员：	您好！恐怕没有。您丢失了护照？
外国人：	是的。我在包里到处都找遍了也没有找到。
工作人员：	非常抱歉。没有人拾到交到这里来。
外国人：	那么我该怎么办？
工作人员：	您可以去失物招领处看看，或许有人捡到了您的护照然后把它还到那里去了。
外国人：	好的。那么如果在那里也找不到怎么办？
工作人员：	您有护照复印件吗？记得护照号吗？
外国人：	没有复印件，也不记得护照号。
工作人员：	那么您首先需要写一份护照丢失声明，再去当地旅游局开证明。
外国人：	然后呢？
工作人员：	然后需要向派出所写申请，联系大使馆。大使馆会给您开具身份证明。您可以凭借身份证明购买回程票返回俄罗斯。
外国人：	那签证呢？
工作人员：	首先要开居住地证明，然后到警察局办理新的签证。
外国人：	明白了，谢谢！
工作人员：	不客气。

2.1.3

A：	如果外国公民怀疑自己在俄罗斯感染新冠病毒，该怎么办？该向哪里求助？
B：	如果您开始咳嗽，感到不适、虚弱，体温升高，胸口有难受和不适感，首先要做的就是根据居住地拨打热线电话。如果您的状况急速加重，请叫救护车。需要提醒话务员，您需要的是新冠病毒救护车，而不是普通救护车。普通的急诊出诊车不会把您送到住院部，这是因为他们没有权利这样做。但

是话务员无权拒绝帮助您。有无国籍或者保险都不是拒绝提供医疗帮助的依据。

A: 如何得知新冠病毒中心的电话和地址？

B: 在Yandex、Google或其他网络搜索引擎中输入"新冠病毒中心"。然后输入您附近的地铁站名称或街道名称。例如，莫斯科每个社区诊所都下设新冠病毒中心。

2.2 篇章部分参考译文

2.2.1 俄译汉

如果外国人在俄罗斯丢失文件该怎么办？

1. 移民卡丢失或损毁

不要担心，什么事也不会有。如果移民卡丢失或损毁，需要联系俄罗斯内务部移民管理局，那里可以免费发放移民卡副本。离开前发现移民卡丢失怎么办？这也没关系，告诉边检人员，他会发放复印件。

2. 如果外国公民护照丢失或损毁，如何补办？

这是最坏的情形。外国公民护照丢失或被盗时，首先应当联系警察局，提交相关声明。警察局会发放文件，证明外国公民已提交护照被盗或丢失声明。

然后凭借警察局的证明联系本国大使馆领事处或领事馆。之后的一切都取决于丢失护照公民所属国的法律。他可以不离开俄罗斯境，在大使馆或领事馆办理新护照，或者需要回到本国办理护照（为使离开俄罗斯，将向该公民颁发专门的《回国证明》）。

2.2.2 汉译俄

Инструкция по профилактике пневмонии, вызванной коронавирусом нового типа

Пневмония, вызванная коронавирусом 2019-nCoV, является заболеванием нового типа. Публика должна узнать о профилактике и проводить профилактические мероприятия. Данная инструкция по профилактике пневмонии нового типа, подготовленная Китайским центром по контролю за заболеваниями и переведенная Государственной миграционной службой, предназначена для того, чтобы помогать иностранцам лучше узнать об этой пневмонии и ее профилактике.

I. Максимально сокращать частоту выход на улицу.

1. Избегайте посещения районов, где заболевание носит эпидемический характер.

2. Рекомендуется сокращать посещение родных, гостей и банкеты, отдыхать дома в период предотвращения пневмонии и борьбы с ней.

3. Лучше не посещать общественные места, особенно такие с низкой подвижностью воздуха, как общественные бани, горячие источники, кинотеатры, интернет-кафе, KTV, торговые центры, станции, аэропорты, пристани, выставочные залы и так далее.

II. Индивидуальная защита и гигиена рук

1. Рекомендуется носить маску при выходе из дома. Носите медицинские хирургические маски или маски N95, если вам нужно выйти/выехать, обращаться за медицинской помощью, ездить на общественных транспортах.

2. Поддерживать гигиену рук. Сокращайте контакты с предметами общего доступа и посещение общественных мест; мойте руки гелем для рук, мылом или спиртосодержащими моющими средствами после возращения из общественных мест, после кашля; избегайте контакта руки со ртом и носом в случае неуверенности в их чистоте; прикрывайте рот и нос локтем при чихании или кашле.

III. Медицинское наблюдение и лечение

1. Активно проводить наблюдение за состоянием здоровья отдельных лиц и членов семьи, при сознательной лихорадке следует обращать внимание на свою температуру тела. В отношении малолетних детей утром и вечером щупать их лоб, при лихорадке измерить температуру тела.

2. Если есть подозрительные симптомы, вы должны по своей инициативе носить маску и обратиться за медицинской помощью. В случае появления подозрительных симптомов новой инфекции коронавируса (включая лихорадку, кашель, боль в горле, затрудненное дыхание, легкую анорексию, усталость, слабое психическое расстройство, тошноту и рвоту, диарею, головную боль, сердцебиение, конъюнктивит, легкую боль в конечностях или мышцах в поясницах и спинах и так

далее）следует по состоянию своевременно обратиться в медицинское учреждение. И старайтесь избегать ездить на метро, автобусах и других транспортных средствах, не ходить в места массового скопления людей. При посещении врача следует по собственной инициативе сказать врачу о своем проживания или поездке в районе, где распространены соответствующие заболевания, а также о том, с какими людьми вы вступали в контакт после заболевания, помогая врачам в проведения соответствующего обследования.

IV. Соблюдать правила гигиены и здорового образа жизни

1. В жилых комнатах открывать окна, поддерживая постоянную вентиляцию.

2. Не использовать совместно с другими членами семьи полотенца и посуду и прилежно сушить на солнце одежду и постельные принадлежности.

3. Не плевать нигде, а пероральные и носовые выделения завернутые в бумажных салфетки, утилизировать в мусорном баке с крышкой.

4. Обратитесь внимание на питание и умеренное занятие спортом.

5. Не вступать в контакт, не покупайте и не ешьте мясо диких животных （то есть дичь）; постарайтесь не попасть на рынок продажи живых животных.

6. В домашних условиях хранить клинические термометры, медицинские хирургические маски или маски N95, бытовые дезинфицирующие средства и другие материалы.

4 口译实操部分参考译文

4.1 听译参考译文

1）Я забыл сумку в такси, в ней кошелек и паспорт.

我把包忘在出租车上了，里面有钱包和护照。

2）Без паспорта вам никуда нельзя ездить.

没有护照您哪也不能去。

3）Случилась авария. Надо вызвать полицию.

发生事故了。需要叫警察。

4）В случае утери паспорта вы можете обратиться в полицию.

如果护照丢失，您可以找警察。

5）Прошу граждан с предельным вниманием отнестись к рекомендациям врачей и органов власти.

请公民们高度重视医生和政府的建议。

6）我是朝阳区派出所民警，这是我的警官证。

Я полицейский из отделения Чаоян, вот мой документ.

7）您违反了《中华人民共和国出境入境管理法》。

Вы нарушил закон КНР «Об управлении въездом и выездом».

8）您需要到大使馆补办护照。

Вам нужно обратиться в посольство для восстановления паспорта.

9）很高兴地告诉您，您的护照已经找到了，工作人员等会儿把它送过来，请先坐下来休息一会儿吧。

Рад вам сообщить, что ваш паспорт уже найден, наши коллеги скоро его принесут, садитесь и подождите.

10）我发烧，还咳嗽，怀疑感染了新冠病毒，请派救护车。

У меня повышенная температура и кашель, подозреваю, что заражен коронавирусом нового типа, прошу прислать скорую.

4.2　影子练习（笔记法练习）参考译文

Вместе с тем я хотел обратиться с двумя просьбами. 16 марта я издал приказ о переводе МГУ на дистанционную форму обучения. Мы создали все условия для того, чтобы это сделали. Факультеты, профессора, преподаватели устанавливают свои лекции, занятия, задания на специальные системы или пользуются известными и имеющимися базами данных (а у нас около 8 тысяч записанных лекций) и учебные занятия идут в онлайн режиме. Мы тем самым оберегаем ребят от массового нахождения в одной аудитории, в лифте, в коридоре, и стараемся выполнить и выполним все задания, которые нам положены по программам и по государственному зданию.

Но я хотел обратиться к профессорам, преподавателям, людям старшего поколения. В связи с переходом университета на дистанционную форму обучения я прошу вас также больше находиться дома, готовиться к лекциям, читать эти лекции в онлайн режиме, доказывать теоремы, результаты. Берегите себя. Мы знаем, что эта болезнь наиболее опасна для вас, людей старшего поколения. А конечно, и все студенты, люди молодые, должны понимать это и поддерживать свою профессуру, своих старших коллег.

И второе мое обращение к ребятам, студентам. 16 000 студентов живут в общежитии. Это места большого скопления вместе. Это и лифты, коридоры, узкие проходы. Мы не будем ограничивать возможность проживания в общежитии. Пожалуйста, живите. Но есть просьба, она разумна. Если есть возможность, езжайте домой. Заниматься можно с любого места, имея соответствующий компьютер или средство связи. Дома будет более надежно, это небольшой город, село, это может быть хорошая квартира. Это дома. И это более безопасно. Начнутся занятия – мы всех вас вместе соберем. Повторю, это не обязательное требование, это просто совет старшего.

与此同时，我有两个请求。3月16日我签署了关于莫斯科国立大学转为远程教学模式的命令。为实现这一点，我们创造了所有必要条件。各大院系、教授和老师们在专门的系统中创建了自己的课程，或者使用已有的数据库（我们有8000多门已录制的课程），在线上进行教学。我们以此来保护同学们，避免在一个教室、电梯和走廊中聚集，尽量完成、并且能够完成教学大纲和国家规定的任务。

但是我想请求年长的教授们和老师们，由于学校转为远程教学模式，请求你们多待在家，备课和线上讲课，证明论题和成果。请爱惜自己。我们知道，这个病对你们，对老年人，最为危险。当然，所有学生们，年轻人们，应当理解和支持你们的教授们和年长的同事们。

第二个请求面向同学们、学生们。16000名学生住在宿舍中。这是人员密集区域，包括电梯、走廊和狭窄的通道。我们不会限制你们住在宿舍。请住下去。但是，我有一个合理的请求。如果有可能，请回家。如果有电脑或通信设备，任何地方都可以学习。家里更可靠，这可以是不大的城市、乡村，可以是良好的公寓。这是在家里。这样更安全。开课了我们会把大家召集起来。我强调一遍，这不是要求，只是年长人的建议。

4.3　视译练习参考译文

近期，莫斯科市政府采取一系列疫情防控措施，包括要求从中国抵达的人员（含俄公民、第三国公民）入境后在居住地自我隔离14天，俄防疫部门对外国公民上门进行体温监测，在地铁站等一些公共场所查验护照等。

如违反俄方规定将被集中隔离并面临行政处罚。我馆已与俄外交部、莫斯科市政府沟通，要求俄方不要采取极端措施，保障中国公民合法权益。在此，使馆提醒近期抵俄中国公民严格执行自我隔离政策，隔离期间切勿外出，自觉配合俄方检查检疫措施。

自我隔离期间如有发热等症状，请拨打103急救电话，如确有生活物资保障需要，可通过以下方式联系我馆，我馆将协调在俄侨团、商会和学联给予必要协助：

驻俄罗斯使馆领事保护电话：0074999518661或0079167680296

驻俄罗斯使馆经济商务处联系电话：0079683799111

驻俄罗斯使馆教育处联系电话：0074999518395，0074999518396

4.4　情境模拟参考译文

Служащий:	Здравствуйте! Чем могу помочь?
安娜·彼得洛娃：	您好！我的包丢了。
Служащий:	Ваше имя?
安娜·彼得洛娃：	安娜·彼得洛娃。
Служащий:	Как выглядит ваша сумка?
安娜·彼得洛娃：	黑色皮质单肩包，没有花纹，只有一个字母M。
Служащий:	Хорошо. А что было в сумке?
安娜·彼得洛娃：	所有的东西：护照、钥匙、钱包、相机。
Служащий:	Когда потеряли.
安娜·彼得洛娃：	我不知道，是下了出租车以后才发现的。
Служащий:	Вы звонили в компанию такси?
安娜·彼得洛娃：	打了。他们说没有见到。
Служащий:	В кошельке есть банковские карты? Если да, лучше заявить об утере как можно быстрее.
安娜·彼得洛娃：	已经挂失了。
Служащий:	Я уже записал. Если найдем, сразу вам сообщим.

安娜·彼得洛娃： 如果我下周要回俄罗斯，没有护照怎么办呢？

Служащий: По поводу паспорта лучше обратиться в посольство вашей страны.

安娜·彼得洛娃： 好的，谢谢。

Служащий: Пожалуйста.

附录 1　俄汉常见国家机关及国际组织总汇

一、常见中国国家机关

1. 中共中央委员会

   Центральный комитет коммунистической партии Китая (ЦК КПК)

2. 中共中央政治局

   Политическое бюро ЦК КПК

3. 中共中央政法委员会

   Политико-юридическая комиссия ЦК КПК

4. 全国人民代表大会

   Всекитайское Собрание народных представителей Китайской Народной Республики (ВСНП)

5. 全国人民代表大会常务委员会

   Постоянный Комитет ВСНП

6. 全国人民代表大会外事委员会

   Комиссия по иностранным делам ВСНП

7. 国务院办公厅

   Канцелярия Госсовета

8. 中华人民共和国外交部

   Министерство иностранных дел КНР

9. 中华人民共和国国防部

   Министерство обороны КНР

10. 中华人民共和国国家发展和改革委员会

    Государственный комитет по развитию и реформе КНР

11. 中华人民共和国教育部

    Министерство просвещения КНР

12. 中华人民共和国科学技术部

    Министерство науки и техники КНР

13. 中华人民共和国国家民族事务委员会

    Комитет по делам национальностей КНР

14. 中华人民共和国公安部

    Министерство общественной безопасности КНР

15. 中华人民共和国国家安全部

    Министерство государственной безопасности КНР

16. 中华人民共和国国家监察委员会

    Государственный комитет контроля

17. 中华人民共和国司法部

    Министерство юстиции КНР

18. 中华人民共和国民政部

    Министерство гражданской администрации КНР

19. 中华人民共和国财政部

    Министерство финансов КНР

20. 中华人民共和国人力资源和社会保障部

    Министерство трудовых ресурсов и социального обеспечения КНР

21. 中华人民共和国自然资源部

    Министерство природных ресурсов КНР

22. 中华人民共和国交通运输部

    Министерство транспорта КНР

23. 中华人民共和国水利部

    Министерство водного хозяйства КНР

24. 中华人民共和国农业农村部

    Министерство сельского хозяйства и сельских дел КНР

25. 中华人民共和国商务部

    Министерство коммерции КНР

26. 中华人民共和国文化和旅游部

    Министерство культуры и туризма КНР

27. 中华人民共和国国家卫生健康委员会

    Государственный комитет по делам здравоохранения КНР

28. 中华人民共和国生态环境部

    Министерство экологии и окружающей среды КНР

29. 中华人民共和国住房和城乡建设部

    Министерво жилья, городского и сельского строительства КНР

30. 中国人民银行

    Народный банк Китая КНР

31. 中华人民共和国审计署

    Государственное ревизионное управление КНР

32. 国家知识产权局

    Государственное управление по защите прав интеллектуальной собственности

33. 国务院港澳事务办公室

    Канцелярия Госсовета по делам Сянгана и Макао

二、常见俄罗斯国家机关

1. Министерство внутренних дел РФ (МВД России)
   俄罗斯联邦内务部

2. Министерство РФ по делам гражданской обороны, чрезвычайным ситуациям и ликвидации последствий стихийных бедствий (МЧС России)
   俄罗斯民防、紧急情况和消除自然灾害后果部

3. Министерство иностранных дел РФ (МИД России)
   俄罗斯联邦外交部

4. Министерство обороны РФ (Минобороны России)
   俄罗斯联邦国防部

5. Министерство юстиции РФ (Минюст России)
   俄罗斯联邦司法部

6. Министерство здравоохранения РФ (Минздрав России)
   俄罗斯联邦卫生部

7. Министерство культуры РФ (Минкультуры России)

   俄罗斯联邦文化部

8. Министерство науки и высшего образования РФ (Минобрнауки России)

   俄罗斯联邦科学与高等教育部

9. Министерство просвещения РФ (Минпросвещения России)

   俄罗斯联邦教育部

10. Министерство природных ресурсов и экологии РФ (Минприроды России)

    俄罗斯联邦自然资源和生态部

11. Министерство промышленности и торговли РФ (Минпромторг России)

    俄罗斯联邦工业和贸易部

12. Министерство РФ по развитию Дальнего Востока и Арктики (Минвостокразвития России)

    俄罗斯联邦远东和北极发展部

13. Министерство сельского хозяйства РФ (Минсельхоз России)

    俄罗斯联邦农业部

14. Министерство спорта РФ (Минспорт России)

    俄罗斯联邦体育部

15. Министерство строительства и жилищно-коммунального хозяйства РФ (Минстрой России)

    俄罗斯联邦建设和住房公用事业部

16. Министерство транспорта РФ (Минтранс России)

    俄罗斯联邦交通运输部

17. Министерство труда и социальной защиты РФ (Минтруд России)

    俄罗斯联邦劳动和社会保障部

18. Министерство финансов РФ (Минфин России)

    俄罗斯联邦财政部

19. Министерство цифрового развития, связи и массовых коммуникаций РФ (Минкомсвязь России)

    俄罗斯联邦数字发展、通信和大众传媒部

20. Министерство экономического развития РФ (Минэкономразвития России)
    俄罗斯联邦经济发展部

21. Министерство энергетики РФ (Минэнерго России)
    俄罗斯联邦能源部

22. Федеральная служба безопасности РФ (ФСБ России)
    俄罗斯联邦安全局

23. Федеральная служба по надзору в сфере защиты прав потребителей и благополучия человека (Роспотребнадзор)
    俄罗斯联邦消费者权益保护和公益监督局

24. Федеральное собрание（Совет Федерации и Государственная дума）
    联邦会议（联邦委员会和国家杜马）

25. Генеральная прокуратура РФ
    俄罗斯联邦总检察院

26. Центральная избирательная комиссия РФ
    俄罗斯联邦中央选举委员会

27. Центральный банк РФ
    俄罗斯联邦中央银行

28. Уполномоченный по правам человека в РФ
    俄罗斯联邦人权全权代表

29. Счетная палата РФ
    俄罗斯联邦审计局

30. Конституционный суд РФ
    俄罗斯联邦宪法法院

31. Верховный суд РФ
    俄罗斯联邦最高法院

32. Единая Россия
    统一俄罗斯党

33. Коммунистическая партия Российской Федерации (КПРФ)
    俄罗斯联邦共产党

34. Либерально-демократическая партия России (ЛДПР)
    俄罗斯民主自由党

35. Справедливая Россия
    公正俄罗斯党

三、常见国际、区域组织：

1. Общество объединенных наций (ООН) 联合国

2. Всемирная торговая организация (ВТО) 世界贸易组织

3. Всемирная организация здравоохранения (ВОЗ) 世界卫生组织

4. Международный валютный фонд 国际货币基金组织

5. Международный олимпийский комитет 国际奥委会

6. ЮНЕСКО 联合国教科文组织

7. Совет безопасности ООН 联合国安理会

8. Шанхайская организация сотрудничества (ШОС) 上海合作组织

9. группа из пяти стран: Бразилии, России, Индии, КНР и ЮАР (БРИКС) 金砖国家

10. Большая двадцатка/Группа двадцати 二十国集团

11. Азиатско-тихоокеанское экономическое сотрудничество (АТЭС) 亚太经合组织

12. Большая Восьмерка 八国集团

13. Союз независимых государств (СНГ) 独联体

14. Евразийский экономический союз (ЕАЭС) 欧亚经济联盟

15. Евразийское экономическое сообщество (ЕврАзЭС) 欧亚经济共同体

16. Организация договора о коллективной безопасности (ОДКБ) 集体安全条约组织

17. Таможенный союз 关税同盟

18. Единое экономическое пространство (ЕЭП) 统一经济空间

19. Европейский союз (ЕС) 欧盟

20. Организация Североатлантического договора, Североатлантический Альянс (НАТО) 北大西洋公约组织

21. Организация по безопасности и сотрудничеству в Европе (ОБСЕ) 欧洲安全和合作组织
22. Ассоциация государств юго-восточной Азии (АСЕАН) 东南亚国家联盟
23. Организация исламской конференции (ОИК) 伊斯兰会议组织
24. Лига арабских государств (ЛАГ) 阿拉伯国家联盟

附录2 口译术语俄汉对照表

авторский перевод 作者自译
адекватная замена 等同替代
акт речевой коммуникации 言语交际行为
актуальное членение предложения 句子的实义切分
аннотационный перевод 简介式翻译
антонимический перевод 反面着笔翻译
ассоциативное значение 联想意义
безэквивалентная лексика 无等值词汇
билингвизм 双语现象
буквализм 逐字死译
буквальный перевод 直译
бытовой перевод 日常生活翻译
внештатный переводчик 编外译员/自由译员
военный перевод 军事翻译
вокальный перевод 歌曲翻译
вольный перевод 意译
вторичный текст 第二文本
газетно-информационный перевод 报刊信息翻译
генерализация 概括化
двусторонний перевод 双向翻译
денотативное значение 所指意义
диктант-перевод 听译

дискурс 话语
добавление 增词，加词
документальный перевод 文件翻译
дополнительная информация 附加信息
дословный перевод 逐字翻译
единица перевода 翻译单位
жанровая дифференциация текстов 文本的体裁区分
заверенный перевод 经公证无误的译文
избыточность языка 语言的冗余性
имитация 拟译
имплицитный смысл текста 文本的隐含意义
исправительный перевод 改译
исходный текст (ИТ) 译出文本
исходный язык (ИЯ) 译出语，源语
калька 仿造词
канонический перевод 宗教翻译
ключевая информация 关键信息
колорит (окраска) 色彩
коммунальный перевод 交替翻译
коммуникативная нагрузка 交际任务
коммуникативная функция 交际功能
компрессия 压缩
конференц-перевод/перевод конференций 会议翻译

компенсация 补偿方法
конечный язык 目标语
конкретно-контекстуальный смысл высказывания 语句的具体上下文含义
лакуна 空缺，空白
лексическая декомпрессия 加词，增补
лексическая трансформация 词汇转换
литературность перевода 翻译的标准性
литературный перевод 文学翻译
ложные друзья переводчика（ложный эквивалент）译者的假朋友（假等值词）
машинный перевод 机器翻译
механический перевод 机械翻译
многозначность 多义性
модуляция（смысловое развитие）引申
натурализация 归化
научно-технический перевод（научный перевод）科技翻译
нашептывание 耳语
непереводимость 不可译性
нотариальное заверение перевода документов 对文件译文进行公证
норма перевода 翻译标准
нулевой перевод 零翻译
объединение предложений 合句
односторонний перевод 单向翻译
описательный перевод 描写性翻译
опущение 减词

оригинал 原文，原著
переведенный текст 译文
перевод-сопровождение 陪同翻译
перевод на слух 听译
перевод переговоров/абзацно-фразовый перевод 句段式翻译
перевод с листа 照稿翻译
перевод технической литературы 技术文献翻译
перевод-адаптация 改译
переводной текст 翻译文本
переводоведение 翻译学
переводческая запись 翻译笔记
переводческая интерпретация исходного текста 对原文文本的翻译阐释
переводческие приёмы 翻译技巧
переводческий язык（стиль）翻译腔
перекодирование 转码，重新编码
перифрастический перевод 迂回翻译，迂说法的翻译
подлинник 原作，原著
последовательный перевод 交替翻译
пофразовый перевод 逐句翻译
поэтический перевод 诗歌翻译
пояснительный перевод 解释性翻译
пресуппозиция 预设
предварительная подготовка к переводу 译前准备
предпереводческий анализ 译前分析
прозаический перевод 散文翻译

профессиональный диалект 职业方言

профессиональная компетенция переводчика 翻译的职业能力

реферативный/выборочный перевод 摘译

речевое произведение 言语作品

руссификация подлинника 对原文的俄语化

ручной перевод 人工翻译

сверить перевод 校对译文

семантическое поле 语义场

сжатость перевода 翻译的简练性

синонимическая замена 同义词替代

синхронный перевод без кабины 公开同声传译

синхронный перевод с опорой на текст 依靠文本的同声翻译

синхронный перевод без зрительной опоры 无视同传

ситуативная модель перевода 翻译的情景模式

слова-реалии 民族特有事物词汇

смешанный перевод 混合翻译

смысловая доминанта 主要含义

стенография 速记学

стилистические соответствия 修辞对应

стратегия перевода（переводчика）翻译策略

сурдоперевод 手语翻译

теория перевода 翻译理论

типы перевода 翻译类型

транскрипция 音译

украшающий перевод 饰译

упрощённый перевод 简译

художественный перевод 文艺翻译

целостное преобразование 整体转换

черновой перевод 译文草稿

членение предложения 拆句

эквивалент 等值（物）

экзотическая лексика 异域风情词汇

эксплицитный смысл текста 文本的显性意义

язык перевода（ПЯ）译文语言

язык подлинника 原语

языковое посредничество 语言中介

参考文献

［俄］玛丽娜·克拉夫佐娃、张冰：《中国文化概论》（俄文版），北京大学出版社，2020。

［法］玛丽雅娜·勒代雷：《释意学派口笔译理论》，刘和平译，中国对外翻译出版公司，2001。

胡谷明：《俄语口译笔记法实战指导》，武汉大学出版社，2011。

梅德明编著：《中级口译教程》（第二版），上海外语教育出版社，2003。

田园、王璐瑶：《外事接待俄语口语》，中国地质大学出版社，2016。

吴钟明：《英语口译笔记法实战指导》，武汉大学出版社，2005。

朱达秋、徐曼琳、华莉：《实战俄语口译》，外语教学与研究出版社，2007。

本书另配有方便课堂教学的电子课件，转向使用本教材的教师免费赠送。相关专业任课教师，请完整填写本页下方的"教师联系表"，拍照发送至：pup_russian@163.com 我们将为您提供下载链接。

教师联系表

教材名称	通用俄语口译教程				
姓名：		职务：	职称：	邮编：	
通信地址：					
电子邮箱：					
学校地址：					
教学科目与年级：				班级人数：	

欢迎关注微信公众号
"北大外文学堂"
获取更多新书信息